Susanna Kolbe

Von Oberstadtkindern, Studenten und Hoffmanns Lieschen

Geschichten und Anekdoten
aus dem alten Marburg

Wartberg Verlag

Bildnachweis:
Hannelore Blanke: S. 58, 59
Margret Runckel: S. 6, 8/9, 28, 36, 57
Eva Teetz: S. 69, 71, 73
Sammlung Hans Braun: S. 68
Bildarchiv Foto Marburg: S. 15, 19, 22, 25, 35, 39, 51, 66

Umschlagvorderseite: Der verschneite Rote Graben
Umschlagrückseite: Spielende Kinder in einem Hinterhof der Oberstadt

1. Auflage 2008

Satz und Layout:
Grafik & Design Ulrich Weiß, Gudensberg
Druck: Druckerei Thiele & Schwarz, Kassel
Buchbinderische Verarbeitung:
Buchbinderei Büge, Celle

34281 Gudensberg-Gleichen, Im Wiesental 1
Telefon (0 56 03) 9 30 50
www.wartberg-verlag.de
ISBN 978-3-8313-1813-1

Inhaltsverzeichnis

Vorwort

Dieser kleine Band ist aus vielen Gesprächen entstanden, die ich mit „alten“ Marburgerinnen geführt habe, denn ich bin eine „Zugereiste“, eine, die eher von außen auf die Stadt und ihre Menschen blickt. Gleichwohl habe ich, die ich seit einigen Jahren hier lebe, eine Beziehung zu dieser Stadt entwickelt und einiges über ihre Geschichte in Erfahrung gebracht. Als Kulturforscherin bin ich eine neugierige Beobachterin des Alltagslebens und in diesem Fall auch eine Art Chronistin geworden.

Der Kontakt zu mehreren „echten“ Marburgerinnen, die (fast) ihr ganzes Leben und allesamt ihre Kindheit und Jugend hier verbracht haben, führte zu interessanten Gesprächen über Erlebtes, Alltägliches und Besonderes. Die Geschichten sind kleine Schlaglichter auf Orte und Menschen und auf Erfahrungen, die viele hier gemacht haben. Die kurzen Einblicke in persönliche Leben, eingebettet in die allgemeine Stadtgeschichte, möchten einen Eindruck von dieser besonderen Stadt und ihren Menschen geben – und Erinnerungen wecken.

Dies wäre nicht ohne meine freundlichen und erzählfreudigen Gesprächspartnerinnen möglich gewesen, bei denen ich mich herzlich bedanke, vor allem bei Margret Runckel, die mir viel über die Jahre vor dem Krieg erzählt hat, bei Eva Teetz, die von den Nachkriegsjahren und aus dem Leben der Jugendlichen berichtete, sowie Hannelore Blanke, mit der ich über die ersten Feste nach dem Krieg und den Tiergarten sprach.

Susanna Kolbe

In und um die Stadt

Straßenspiele

Richtige Straßenkinder der 1930er Jahre waren wir kleinen Marburger – mit vielen Freiheiten und doch gut aufgehoben in der kleinen bürgerlichen Altstadt. In diesen Jahren konnte man sich weitgehend gefahrlos durch die Oberstadt bewegen, es gab kaum Verkehr, obwohl eine große Straße durch die Oberstadt führte: den Steinweg hoch über Neustadt und Wettergasse auf den Markt und die Barfüßerstraße wieder hinunter. Anfang des Jahrhunderts gab es hier noch eine Pferdebahn, die aber in den 20er Jahren schon wieder verschwunden war. Am Rande der Oberstadt, in den kleinen Gassen und Höfen, konnten sich die Jungs und Mädchen ohne Angst ihren Kinderspielen hingeben. Auf Straßen wie dem Roten Graben wurden Ballspiele wie Völkerball oder Brennball gespielt oder man warf seinen Ball einfach gegen die Häusermauern, stundenlang. Die Mädchen trafen sich zum Seilspringen oder zum Spielen mit ihren Puppen. Im Frühling, wenn es draußen wieder wärmer wurde, holten wir unsere „Klicker" raus. Die kostbaren Murmeln aus Glas und die tönernen „Hüpper" ließen wir am Straßenrand zielgenau auf ein Loch zurollen. Kaum ein Fahrzeug störte uns. Die Motorisierung war noch nicht sehr fortgeschritten, sodass wir die Straße meist nur dann räumen mussten, wenn ein Pferdefuhrwerk kam. Da kamen zum Beispiel die Wagen der Brauerei, von mächtigen Pferden gezogen, die uns und den Gaststätten die großen Eisstangen ins Haus brachten, denn es gab noch keine elektrischen Kühlschränke in den Haushalten. Kräftige Männer mit Lederwesten schleppten uns die Stangen zum Eisschrank, in dem dann unsere verderblichen Lebensmittel ein paar Tage frisch blieben. Wir Kinder lutschten mit Begeisterung die Eisstückchen, die beim Transport der Eisstangen abbrachen.

Ein Möbelunternehmer belieferte seine Kunden noch lange Zeit mittels Pferdefuhrwerken. Auch Kohlen, Kartoffeln und Mehl für die Bäcker wurden so transportiert. Mühsam quälten sie sich, manchmal sogar mit einem Anhänger, den Roten Graben hinauf. Das Gespann musste vor allem in der scharfen Kurve angetrieben werden, damit es die steile Straße schaffte. Wir hatten jedenfalls keine Eile, unsere Spiele zu unterbrechen. Es war dort im Übrigen so steil, dass es noch in den 60er Jahren nicht erlaubt war, mit Motorrädern und Fahrrädern hinabzufahren.

Spielen in den Höfen der Oberstadt

Bergig war und ist es in Marburg ohnehin, Treppen und enge steile Gässchen machen unsere Oberstadt aus. Davon profitierten wir besonders im Winter. Schlittenfahren mitten in der Stadt, das war ein großer Spaß! In der „Plantage“, der baumbestandenen Promenade in der Mitte des Steinwegs, war das erlaubt. Aufregender und vor allem viel länger, aber nicht gestattet, war die Schlittenbahn von der Schlosstreppe am Hainweg hinunter, vorbei am Renthof, wo es etwas abflachte, um dann mit ordentlichem Schwung am unteren Steinweg zu enden. Manchmal erwartete uns dort der Schutzmann und wir mussten zusehen, dass er uns nicht erwischte, denn nicht nur einmal hatte er uns schon den Schlitten abgenommen.

Vor dem Krieg: Ein Gang hinauf zur Oberstadt

Unzählige Geschäfte für den täglichen Bedarf gab es in der Altstadt. Wenn man in der Ketzerbach anfing, gab es zwar schon nicht mehr die Töpferläden wie den Fräulein Schäfers, die Gebrauchsgeschirr herstellten und verkauften, doch einige Bäckereien und das Milchlädchen Lodewig, wo wir als Kinder hingeschickt wurden, um in der Kanne Milch zu holen oder sauren Rahm für den Salat. Er wurde uns aus dem „Schöpper“ ins Töpfchen hinein abgemessen. Direkt neben der Elisabethkirche gab es gleich zwei Gemüselädchen, den von Mündeleins und das Geschäft von Frau Deutscher. Gegenüber, am verlängerten unteren Ende des Steinwegs, befand sich „Pfeifen-Schmidt“, wo es Schreibwaren und Spielsachen gab, gleich daneben Kaisers Kaffeegeschäft. Noch ein paar Stufen höher schlossen sich direkt Handschuh-Naumann, ein Zigarrenladen, Lebensmittel Balz und ein Hutladen an. Es folgte ein kleines Bäckergeschäft und im selben Haus die alte Gastwirtschaft „Anker". Dort machten früher die Kutscher Station. Sie genehmigten sich ein Bier, und es gab einen Ausspann für die Fuhrwerke, den man auf der anderen Seite zum Pilgrimstein an den eisernen Ringen erkennen konnte.

Im „Anker" ließen wir den Krug füllen für Vaters Bier zum Abendbrot. Auf der anderen Seite des unteren Steinwegs befand sich das renommierte Hotel Ritter, ein vornehmes Haus, das uns Kinder mit den teppichbelegten ausladenden Treppen im Inneren beeindruckte. Im kleinen Kramerlädchen von Frau Kuhn nebenan bekam man eigentlich alles, was in Haus und Hof benötigt wurde. Die Firma Estor im Nachbarhaus war schon fast so etwas wie ein Supermarkt: Im vorderen Teil des Ladens wurden Lebensmittel verkauft, ein paar Stufen hinunter erhielt man Tees, Salmiakpastillen und Produkte für die Reinlichkeit in der separierten Drogerie. Auch im Fachwerkhaus nebenan wurde Bier ausgeschenkt – es war das Gasthaus Menz.

Postkarte vom Steinweg um 1940

Hier öffnete sich eigentlich erst der Steinweg, der – steil und aus diesem Grund in Terrassen angelegt – den Weg in die Oberstadt darstellte. Auf der unteren Seite, dem sogenannten „Loch", war im großen backsteinernen Eckhaus zum Pilgrimstein die Druckerei Eucker ansässig und nebenan die „Alte Post", eine Gastwirtschaft, die auch Zimmer vermietete. Ehemals hatte sich hier tatsächlich eine Post mit den angebauten Stallungen des damaligen Posthalters Eucker befunden. Im „Loch" ging es weiter mit allerhand kleinen Läden und Handwerksbetrieben: hier gab es einen orthopädischen Schumacher, den Schreiner Rössler, den ersten Laden der Metzgerei Bornemann, einen Buchbinder und die Einhorn-Apotheke.

Weiter oben stärkten Naumanns Manschetten und Hemdbrüste, wurde bei Wollschläger heiß gemangelt. Der Friseur Schepp kam noch zu guten Kunden ins Haus, um sie zu rasieren. Der Holzschnitzer Heiden stellte seine schönen Dinge aus und beim Schreibwarenladen weiter oben besorgten sich die Mädchen neben Schulheften ihre Glanzbilder zum Sammeln und Tauschen und manchmal bekamen sie eines der zarten Hauchblättchen dazu geschenkt. Bewegte man sich auf der rechten Seite den Steinweg hinauf, begann der Bummel bei Grebing, der Lederwaren anbot, und dem Schuhladen Blumenfeld, deren Tochter eine Weile noch unsere Spielkameradin war. Später eröffnete hier Elektro-Peter sein Geschäft.

Kanischki, der mit der Firma Felden verbunden war, hatte ein Büro, wo Kohlen bestellt werden konnten. Um die Ecke, am Renthof, war die Färberei Holland ansässig. Die Färberbrühe lief von hier oftmals die Gasse hinab und verfärbte sich im Verlauf des Krieges immer mehr schwarz.

An der Wasserscheide kam man vorbei am „Kump", einem Brunnenhaus für die alte Wasserleitung zum Schloss. In der Wettergasse war das erklärte Lieblingsgeschäft aller Kinder der Spielzeugladen der Familie Schaaf. Hier standen wir staunend und sehnsüchtig vor dem Schaufenster, denn von der Puppe bis zur Eisenbahn war alles ausgestellt, was unser Kinderherz begehrte. Steiff-Tiere, zu ganzen Zoos arrangiert, die sich noch dazu bewegten und eine Mühle mit allerlei Figuren wie Zwergen machten die Auslage zum Erlebnis. Auch die Firma Mühling-Schäfer führte seltsamerweise Spielsachen, obwohl sie sonst die für uns wesentlich weniger interessanten Bürsten, Besen und Fußmatten im Angebot hatte. Hier begeisterten die Puppenstuben, -küchen und Kaufmannsläden, die mit den vielen Dingen des täglichen Lebens im Miniaturformat ausgestattet waren. Auch wenn man eine fast antike Puppenküche von der Großmutter besaß, diese neuen Spielsachen weckten unsere Sehnsucht.

Es gab auch ein wunderbares kleines Schokoladengeschäft und ein „Bayerisches Schokoladenhaus". An der Ecke zum „Dreckloch" verkaufte die Firma Pfeifen-Schmidt schönes Kunstgewerbe. Dazwischen gab es Korsagen und Strümpfe, Schirme, Bürsten und Besen, Porzellan und Waffen, Strümpfe, Wäsche, Babykleidung und Tischdecken.

Richtung Markt traf man in der Wettergasse 18 auf das Ledergeschäft Dern, die Eisdiele an der „Judentrepp'", das Fischhaus Braun, wo wir die guten grünen Heringe kauften, an der Ecke zur Marktgasse das Elektrohaus Kujus und die Reitgasse, weiter hinab die Werkzeuge von Brauer und Hergenröder. Noch in der Wettergasse ging man ins jüdische Handarbeitsgeschäft Blumenfeld, das Kurz-, Weiß- und Wollwaren im Angebot hatte, die später abgerissene Traubenapotheke neben Bopps Terrassen und die spätere Mensa der Universität, die sich aus der Gaststätte der Brauerei Lederer entwickelt hatte. Unterhalb des Rathauses gab es einen Trachtenladen, den die städtischen Marburgerinnen weniger nutzten. Die Marburger Tracht trugen ja hauptsächlich die Frauen vom Lande oder diejenigen, die in der Stadt „in Stellung" waren. Die Marktfrauen, die aus der Umgebung kamen und auf dem Marktplatz auf den aufgereihten Holzbänken saßen, kleideten sich hier ein.

Dies nur ein rascher Blick in einen kleinen Teil der Marburger Altstadt – wir waren jedenfalls auf allen Ebenen bestens versorgt.

Unsere erste Eisdiele

Lange bevor die ersten italienischen Eisdielen aufkamen, wurde bei uns in der Stadt Eis hergestellt und verkauft. Manche Konditoreien und Restaurants besaßen Eismaschinen und zauberten wunderbare Eisbecher und Desserts. Eine besonders schöne und für die Kinder beeindruckende Maschine gab es schon in den 30er Jahren in der Wettergasse an der Ecke zur Schlosstreppe. An der rotierenden Scheibe, auf die eine bunte Spirale gemalt war, hingen unsere Kinderaugen wie hypnotisiert. Hier wurde Eis „über die Straße“ verkauft – welch eine Attraktion! Es wurde jedoch nicht wie heute üblich in Waffeltüten oder Pappbechern, sondern in einer eckigen Waffel angeboten. Wie ein Butterbrot hielt man uns die zwischen zwei Waffeln gestrichene kalte Köstlichkeit mit einer Metallzange hin. Zwei Groschen kostete uns das Vergnügen, und wir bummelten glücklich mit unserem Eis durch die Oberstadt, immer eifrig ringsum leckend, damit uns die kalte Masse nicht über die Finger lief.

Als die jüdischen Geschäfte verschwanden

Die jüdischen Geschäfte um uns herum hatte man vor 1933 nicht als besondere wahrgenommen. So war der Handarbeitsladen Blumenfeld in der Wettergasse üblicher Anlaufpunkt für die Hausfrauen. Zum „Jud Heineberg“ gingen wir, um uns die herrlichen Spielwaren anzuschauen. Dann aber geschah es: Das Schuhgeschäft der Blumenfelds verschwand und mit ihm unsere Freundin. Der Metzgereibedarf Isenberg wurde zu Schmidts Farbengeschäft und statt Wurstdärmen gab es Terpentin und Bohnerwachs. Ein Teil der Familie Isenberg konnte emigrieren, nachdem ihnen verboten worden war, das Geschäft zu betreiben. Die Ehefrau zog aus dem herrschaftlichen Anwesen in die hintere Ecke des „Lochs“. In der Nische des Fensters konnten wir das „Schabbes-Lichtchen“ sehen – bis auch sie abgeholt wurde. Als Kinder wurde uns die Situation unserer jüdischen Nachbarn erst ganz spät bewusst – sie waren unsere Schul- und Spielkameraden und plötzlich verschwunden.

Ein einschneidendes Erlebnis bekamen wir aber auch als Kinder mit. Das war der Tag, an dem Josef Spinat in seinem Geschäft den Ausverkauf ankündigte. Es wurde das Gerücht verbreitet, Spinat habe zu diesem Zweck Neuware dazugekauft, was wiederum die SA auf den Plan rief, die die Aktion massiv behinderten. Es kam zu schwersten Ausschreitungen. Zehn oder mehr Studenten, die zum Teil zugleich SA-Männer waren, zertrümmerten den Laden vollständig. Da hieß es in der Stadt: „Beim Jud' Spinat wird geplündert!“ Als Kinder hatten wir keine Vorstellung davon, was das zu bedeuten hatte und die meisten von uns wurden von diesem Thema ferngehalten. Die jüdische Familie Spinat verließ umgehend die Stadt.

Von der Pferdebahn zum (O-)Bus

Die Firma Heppe war auf Möbeltransporte und Umzüge spezialisiert. Schon im 19. Jahrhundert hatte sie einen stattlichen Fuhrpark in der Nähe des Bahnhofs. Mit ihren Pferdefuhrwerken, manche hatten sogar Anhänger, rumpelten solche Transporte in den 1930er Jahren lautstark durch die gepflasterten Straßen. Bis 1911 betrieb die Firma eine Pferdebahn auf städtischen Gleisen, vom Bahnhof bis zum Depot am Wilhelmsplatz, wo in einer Hauseinfahrt noch heute Überbleibsel der Schienen zu sehen sind. Eine Strecke verlief auch durch die Oberstadt, durch die Barfüßerstraße.

Pferde belebten noch unsere Straßen, als wir schon längst die „Elektrische" hatten. Sie verkehrte zwischen Süd- und Hauptbahnhof auf nur einem Gleis. Nach dem Einsteigen mussten wir unsere Fahrt bezahlen, indem wir unsere Geldstücke in einen Kasten warfen. Wir nannten ihn das „Groschengrab". Man kann sich vorstellen, dass dort nicht nur Geldmünzen hineinfielen. Durch die Bahnhofsstraße ging es flott mit lautem Quietschen um die Kurve zur Elisabethkirche, den Pilgrimstein entlang, über die belebte Kreuzung am Rudolphsplatz, wo der Verkehr noch lange durch einen Schutzmann geregelt wurde, der mittendrin auf einem Podest stand. Die Situation dort war ziemlich unübersichtlich und vor allem eng, obwohl der motorisierte Verkehr noch nicht so stark war. An manchen Stellen stoppte die Bahn, um die entgegenkommende durchzulassen. Die Weichen mussten vom Schaffner noch per Hand mit einer großen Eisenstange umgelegt werden. Nach mehr als zwanzig Minuten hatte man über Universitätsstraße und die Schwan-

Zwischen alter Universität und „Lahnziege": unsere Elektrische

allee die Endstation am Südbahnhof erreicht. Er lag damals noch weit draußen vor der Stadt.

Wenn man aufs Land fahren wollte, benutzte man in den 40er Jahren die sogenannten „Stra"-Busse, die parallel zur Straßenbahn in der Stadt fuhren, vom Markt bis hoch zum Tannenberg. Sie waren im Innern ähnlich ausgerüstet wie die Straßenbahnen.

Leider hatten die ratternden und quietschenden Bahnen 1951 schon ausgedient und das den Marburgern lieb gewordene Vehikel wurde mit großem Bahnhof in den Ruhestand entlassen. Eine große Menschenmenge säumte die Straßen und stand zum Abschied Spalier. In einem Artikel des „Oberhess" tauchte einer der alten Wagen noch einmal auf, als vermeintlich umfunktioniertes Toilettenhäuschen nämlich – es war ein Aprilscherz.

Fortan mussten wir das neue Verkehrsmittel, den „O“-Bus, nehmen. Bei dieser seltsamen technischen Neuheit handelte es sich um einen über Oberleitungen geführten Bus, der vom Bahnhof aus durch die Biegenstraße bis zum Südbahnhof fuhr.

Schiffsausflüge auf der Lahn

In den 30er Jahren war ein lauschiger Biergarten an der Lahn beliebtes Ausflugsziel der Marburger – der unweit der Stadt gelegene Lahngarten. Um dorthin zu kommen, konnte man natürlich den schattigen Waldweg, vorbei am „Michelchen“, steil hinauf zur „Augustenruhe“, nehmen und einen der zahlreichen Wege den Berg hinunter zur Lahn wandern. Viel aufregender und noch dazu bequemer war aber eine Schifffahrt auf der Lahn, ideal für Sonntagsausflüge mit der Familie. Bei den Bootshäusern am vorderen Wehrdaer Weg hinter der Elisabethmühle stieg man in ein kleines Motorboot, das etwa zehn Personen auf Holzbänken Platz bot: das Motorschiff „Elisabeth“. Das Bootchen tuckerte dann mit seinen Passagieren die doch recht flache Lahn hinauf zum Lahngarten. Es soll auch immer mal wieder Kontakte mit den Schwimmern des Florabades, dem späteren Universitätsbad, und den Ruderern gegeben haben, da die Anlegestelle in nächster Nähe war. Glücklich angekommen, gab es im Lahngarten Kaffee und Kuchen unter Bäumen, und die Väter tranken gern mal ein Bierchen, während die Kinder zufrieden ihre Limonade schlürften, die hier aus einer Mischung aus klebrig-süßem Sirup und Wasser bestand. Nach dem

Krieg wurde der Motorschiffbetrieb auf der Lahn noch einmal für kurze Zeit aktiviert.

Ein anderes Lokal im Norden der Stadt, was für Familien mit Kindern kleine Attraktionen bereithielt, war die von uns sogenannte „Zwergenschänke", am Waldrand bei Wehrda. Hier konnten sich die Kinder an Spielgeräten beschäftigen und bestaunten die einigermaßen exotischen Vögel in den Volieren sowie die umherstolzierenden Fasane.

Etwas weniger aufregend waren die Wanderungen zum Marbacher Kurhaus. Die Landschaft kurz hinter der Stadt war noch ziemlich unberührt. Der Weg vom Renthof über den Götzenhain und den Dammelsberg war noch unbefestigt, hier gab es noch wenig Bebauung. Auf Feldwegen gelangte man in den „wilden" Köhlersgrund, wo im Sommer üppige Margeriten wuchsen. Wir pflückten und banden sie zu dicken Sträußen. Richtung Marbach liefen wir dann über einen schmalen Pfad zwischen Hecken und bald konnte man das repräsentative Marbacher Kurhaus sehen, das Anfang des Jahrhunderts einmal tatsächlich für den Badebetrieb eingerichtet worden war. In den 30er Jahren war es eine Ausflugsgaststätte, auf deren großer Terrasse man sich von der Wanderung ausruhen und erfrischen konnte.

Wer in der Südstadt oder am Ortenberg wohnte, richtete seine Wege eher auf die östlich gelegenen Lahnberge mit dem Spiegelslustturm oder gar bis zum Frauenberg: hier fuhren viele allerdings erst einmal mit der Straßenbahn bis zum Südbahnhof oder nahmen die Kreisbahn. Der Weg führte schließlich an Cappel vorbei durch den Wald zum Haus Seebode und zur Burgruine, die einen weiten Blick über die hessische Landschaft bot.

Bis in die 50er Jahre erreichte man seine Sonntagsziele, wie die Dammmühle oder den Schröcker Brunnen, eigentlich fast immer zu Fuß. In vielen Ausflugslokalen konnten „Familien Kaffee kochen" und ihren mitgebrachten Proviant dazu verspeisen.

Am und auf dem Fluss

In den 20er Jahren ging man noch zum Schwimmen an den „Biegen", einen Seitenarm der Lahn, wo auf großen Stahlrohren ruhend im Fluss eine Badeanstalt mit hölzernen Aufbauten lag – eine Art Badefloß, das über Stege zu erreichen war. Es gab natürlich auch andere Badestellen am Fluss, aber dies war das offizielle städtische Schwimmbad mit einem Turm für den Bademeister, mit Umkleidekabinen, einem Schwimmer- und einem Nichtschwimmerbecken und der Möglichkeit für die geübten Schwimmer nach draußen in den Fluss zu gelangen. Streng getrennt waren die Badezeiten für Jungen und Mädchen. Im Winter wurde das Bad auf der anderen Lahnseite in einer Art Hafenbecken, das eigens dafür ausgehoben worden war, vertäut.

Im Frühjahr 1908 war diese Badeanstalt „auf Reisen" gegangen: Das Badefloß hatte sich losgerissen, trieb die Lahn hinab und blieb vor der Weidenhäuser Brücke quer im Fluss hängen. Man vermutete einen „Dummen-Jungen-Streich", fand die wahre Ursache aber nie heraus. Beobachtet von vielen Schaulustigen auf der Brücke, hielt man es vom Land aus zunächst mit Ketten fest, damit es nicht weiter flussabwärts treiben konnte, und zog es später in den Hafen zurück. Ähnliches wiederholte sich nach Weihnachten 1925, kurz vor Einsetzen des Hochwassers. Zwei Tage lang kämpften einige Männer damit, das Bad wieder sicher am Anleger festzuzurren. Da war seine Zeit aber auch schon bald zu Ende.

Wer in irgendeinerweise mit der Universität verbunden war, konnte das Universitätsschwimmbad am Wehrdaer Weg besuchen. Das „Florabad“, ebenfalls auf dem Fluss schwimmend, das schon in den 80er Jahren des 19. Jahrhunderts eröffnet worden war, besaß neben einem Sprungturm als Hauptattraktion sogar eine Rutsche. Dazu kam später am gegenüberliegenden Lahnufer ein „Licht- und Luftbad“, mit einem hölzernen Steg verbunden, und ab den 30er Jahren ein Nichtschwimmerbecken. Selbst zu Zeiten, als das

Heißer Tag im neuen Sommerbad

„Sommerbad“ bereits existierte, wurde es noch eifrig frequentiert. Als Bad für die Universitätsangehörigen wurde es bis in die 50er Jahre genutzt.

Ab 1928 strömten die Kinder und Jugendlichen im Sommer in das neu gebaute „Strandbad“ hinter der Weidenhäuser Hirsemühle nahe der Lahn. Es war in moderner Bauweise aus Holz errichtet worden und besaß neben einem Café auch einen richtigen Sandstrand.

Wir liefen von der Oberstadt kommend über die Weidenhäuser Brücke auf dem Damm, der die Lahn vom Vorort Weidenhausen trennte. Noch in den 20er Jahren hatten die Gerber hier ihr Handwerk betrieben – manchmal konnte man das riechen. Hinter der Hirsemühle hatten wir dann unser Sommerbad schon fast erreicht. Am Universitätsstadion, wo immerhin solch große Ereignisse wie die „Deutsche akademische Olympiade“ stattgefunden hatten, sahen wir schon das blau-weiße Gebäude mit dem Sprungturm. Neben den großen Schwimmbecken trafen wir uns mit Klassenkameraden und Freunden und breiteten unsere Decken und Handtücher aus. Leider wurde unser Schwimmbad wegen des Krieges 1943 geschlossen. Nachdem die Amerikaner es 1945 beschlagnahmt hatten und wir es wieder nicht nutzen durften, brannte es im gleichen Jahr aus und wurde zunächst nur provisorisch wieder aufgebaut.

Wilde Tiere in der Stadt

Wenn wieder einmal ein Zirkus die Stadt besuchte, hatten wir die Gelegenheit, wilde Tiere hautnah zu erleben. Das war auch für diejenigen, die nicht die Vorstellung besuchten, ein Erlebnis, denn der Zirkus entlud seine großen Tiere aus den Waggons am Güterbahnhof und trieb sie anschließend mitten durch die Stadt: Lamas, Kamele und auch und vor allem die Elefanten mussten den Weg zum Festplatz beim Kämpfrasen in der Südstadt zu Fuß zurücklegen. Wir Kinder standen in den Straßen Spalier und staunten. Affen hatten wir allerdings schon mal gesehen, die lebten nämlich als traurige Versuchstiere in den langgestreckten vergitterten Gebäuden am Lahnarm hinter der Elisabethkirche.

Zwischen 1933 und 1938 jedoch gab es in Marburg eine besondere Attraktion: einen Tiergarten. Und dort gab es nicht nur Kleintiere zum Streicheln! Die gab es natürlich auch, Rehe oder Ziegen etwa, weshalb viele Familien mit kleinen Kindern sonntags in der warmen Jahreszeit den Weg bis hinter Weidenhausen nicht scheuten. Das Außerordentliche waren die wilden, fremdartigen Tiere, die Affen, Papageien, die Lamas, ja sogar Bären und Löwen.

Franz Löchel, ein ausgemachter Tiernarr, lebte mit seiner Familie hinter St. Jost, wo er eine Landwirtschaft betrieb, und erfüllte sich für einige Jahre einen Traum. Und nicht nur sich. Auf dem weitläufigen Gelände zwischen der Hirsemühle, die sein Bruder mit einer Gärtnerei bewirtschaftete, und seinem Hof, entlang des Grabens gegenüber dem Universitätsstadion, baute er mit viel Engagement seinen privaten Zoo auf. Für ein paar Groschen Eintritt betrat man eine exotische (Tier-)Welt, wandelte mit großen Augen zwischen Pelikanen umher, bestaunte die farben-

Löwen in Löchels Tiergarten

prächtigen Vögel in ihren Volieren, konnte Damwild streicheln, und alle schauten ehrfürchtig und ein wenig ängstlich auf die großen wilden Katzen, die zum Glück im Käfig waren. Derjenige, der am engsten mit den Löwen zu tun hatte – und das nicht immer durch ein Gitter getrennt – hatte kein Glück mit seinen Tieren. Ein tragischer Unfall beendete das Leben des jungen Tierpflegers und Löwendompteurs Georg Koob. Er wurde im Käfig von einem der beiden Löwen angefallen und starb wenig später an den Folgen des Angriffs. Löchels Tochter hatte wohl noch versucht einzugreifen – vergeblich. Trotz des Unglücks lief der Tiergartenbetrieb weiter. Wahnsinnig aufregend waren auch die Besuche am Bärenzwinger, in dem zeitweise Eis- und Braunbären zu Hause waren. Wie man hörte, waren sie auch schon mal ohne Erlaubnis „ausgegangen“. Der einstige Bärenzwinger wird inzwischen als ganz normales Wohnhaus genutzt.

Was auch zum Ausflug in Löchels Tiergarten gehörte, war das Einkehren in die kleine Gartenwirtschaft auf dem Gelände, die der Weidenhäuser Gastwirt Hecht führte. Hier gab es Kaffee und frische Waffeln. Leider war das ganze Vergnügen nur von relativ kurzer Dauer: Schon vor dem Krieg lohnte sich das Unternehmen nicht mehr, der Besitzer konnte es nicht mehr finanzieren. Tiere blieben aber auch weiterhin auf diesem Gelände im Zentrum des Geschehens, allerdings unter anderen Vorzeichen: Mit Beginn des Krieges wurde aus dem Zoo eine Schweinemästerei.

Leben mit Studenten

Auf der Straße …

Was die Marburger Kinder in den 20er und 30er Jahren erstaunt beäugten, was mit der Stadt aufs Engste verbunden war und je älter wir wurden, ganz normal war, das waren „unsere“ Studenten und besonders die Burschenschaften. Wir wuchsen damit auf, dass singende oder jedenfalls gut hörbare und in Gruppen auftretende Studenten, farbentragend, „in vollem Wichs“, durch die Stadt liefen. „Göttingen hat eine Universität, Marburg ist eine“, heißt es und das erlebten wir täglich. Die Umzüge der Studentenverbindungen waren immer wieder eine Attraktion. Vorneweg marschierten die „Chargierten“ aus Anlass eines Stiftungsfestes oder einer bierseligen Fasspartie, die gern zur „Schäferbuche“ führte. Dabei wurde lauthals gesungen, manchmal begleitet von einer Musikkapelle. Die „Teutonen“, so hörten wir, hatten früher gar einen lebenden Bären als Maskottchen dabei. Es ging die Rede, dass dieser wie die Herren eifrig dem Bier zugesprochen haben soll.

Manche der jungen Männer kannte man aus der Nachbarschaft, denn die Institute und auch die Burschenschaftshäuser lagen ganz in der Nähe. So sah man einige regelmäßig vor dem „Alten Ritter“, einem noblen Hotel mit Gastronomie, auch mit ihren Professoren sitzen und trinken.

Auch in der „Alten Post“, die früher einmal Postgebäude war und später Gastwirtschaft wurde, trafen sich die Studenten: Als während des Krieges das Verbindungshaus der „Arminia“ im Wehrdaer Weg wie die anderen auch konfisziert und zum Lazarett umfunktioniert wurde, wurden die Stiftungsfeste draußen vor der „Alten Post“ gefeiert – „Arminia lebe hoch“, so schallte es bis spät in die Nacht den Steinweg hinauf.

Im Roten Graben drängelten sich die Kinder auf der Mauer am Eckhaus zum Sauersgässchen, in dem ein „Paukboden“ war. Hier trafen sich die schlagenden Studenten zum Üben. Häufiger sah man verletzte Herren mit blutenden Kopfwunden und Verbänden mit schwarzen Mützchen darüber, die vom Fechten einer Mensur kamen und dringend ärztlich versorgt werden mussten. Es gab Ärzte, die in enger Verbindung standen und dies quasi heimlich er-

Studenten und Bürger beim Bier in Bopps Terrassen

ledigten. Wir waren beeindruckt und ein wenig erschrocken.

Es gab aber auch friedliche Studenten, etwa eine katholische Verbindung, die „Paladen“, die sich im Kolpinghaus trafen und in der Umgebung ihre „Buden“ hatten. Wenn sich die jungen Herren gegenseitig auf der „Bude“ besuchten, kündigten sie sich schon von ferne auf der Straße mit einem schrillen Pfiff an. Jede Verbindung hatte ihr eigenes „Pfeif-Signal“. Den „Hessen-Preußen“-Pfiff konnten wir schon gut nachmachen, so oft wie wir ihn gehört hatten, und manchen damit in die Irre leiten.

... und im Haus

Wie in anderen Teilen der Stadt, hieß es auch in der nördlich angrenzenden Ketzerbach, wo viele Institutsgebäude der Medizin waren: „Zum Ketzerbächer gehört ein Garten, eine Ziege und ein Student.“ Am Fuße der Oberstadt gelegen, waren hier weniger betuchte Marburger zu Hause – Handwerker, eher kleine Leute, von denen viele zur Unterstützung ihrer Existenz Selbstversorger waren. Sie bewirtschafteten einen Garten und hatten eine Ziege im Stall. Die Zimmervermietung an Studenten, denn nicht alle waren in Verbindungen organisiert oder konnten im Verbindungshaus wohnen, war eine willkommene Einnahmequelle. Das Verbindungshaus der „Hessen-Preußen“ lag nebenan am Berg und so prägte diese Burschenschaft auch das Alltagsleben der Ketzerbächer. Im Allgemeinen kam man recht gut miteinander aus und die einheimische Bevölkerung wurde auch hie und da „aufs Haus“ (sprich: in das Verbindungshaus) eingeladen.

Einen Studenten im Haus zu haben, gehörte auch in der Oberstadt einfach dazu. Studentenheime gab es ja erst später, eine kleine Wohnung war unerschwinglich und so nahmen die Studenten sich privat ein Zimmer, inmitten der Familien. Das war natürlich meist sehr spartanisch, aber die Studenten hielten sich ja nicht den ganzen Tag dort auf. Sie teilten sich mit den Vermietern die Toilette. Das Wasser zum Waschen holte man sich auf dem Flur und wusch sich auf dem Zimmer in der Schüssel. Die Badewanne am Samstagabend blieb allerdings den Familienmitgliedern vorbehalten. Die Hausbewohner, die oft selbst schon in engen Verhältnissen lebten, gaben für einen kleinen Zuverdienst ein oder mehrere Zimmer ab. Das taten sie im Übrigen auch für andere Gäste: Da Marburg touristisch interessant war, kamen in den Jahren vor dem Krieg auch KdF-Reisende (KdF=Kraft durch Freude, zwischen 1933–1945 gleichsam der nationalsozialistische Reiseveranstalter) in die Stadt, denen man auch ein Zimmer vermieten konnte.

Für die Kinder des Hauses war das interessant, weil immer wieder neue Bewohner kamen. Mit manchen Studenten entwickelte sich ein herzliches, fast familiäres Verhältnis, das über die Studienzeit hinaus anhielt. Es kam sogar vor, dass Studenten ihren ehemaligen Vermietern später ganz förmlich ihre Braut vorstellten.

Zum Abendbrot war es in manchen Häusern üblich, dass der Student (es waren meist ja junge Männer) mit am Tisch saß. Seine Lebensmittel brachte er allerdings selbst in seinem „Esskasten“, einer Blechbüchse, mit. Darin bewahrte er das von zu Hause Mitgebrachte wie Speck, Wurst oder Eier auf. Zum Frühstück bekam er seine Tasse Kaffee, mittags aßen die Studenten auswärts.

Für ihre Studien waren sie natürlich meist außer Haus. Manche ihrer Übungen konnten wir Kinder aber miterleben, wenn sie sich z.B. in der kleinen Kaffeestube der Bäckerei am Steinweg über ihre Repetitorien und Prüfungsthemen unterhielten. Der Bäcker, der sich manchmal einmischte, meinte schon von sich, er hätte einige Studenten mit durchs Studium gebracht.

Außerhalb des Hauses hatten die, die noch Kinder waren, eher selten näheren Kontakt zu ihnen. Aber es kam schon mal vor, dass wir zu einer Wanderung mit Picknick und Studenten mitgenommen wurden.

Ausflug ins Grüne mit Studenten

Eine Nachbarin, die einen günstigen Mittagstisch für die Herren anbot, organisierte solche Ausflüge. Wenn wir Glück hatten, nahmen uns die jungen Männer sogar auf eine noch fröhlichere – und feuchte – Fasspartie mit.

So hatten wir ganz direkte Verbindung zum Studentenleben und lauschten beeindruckt den jungen Herren, wenn sie von ihren merkwürdigen Professoren oder spektakulären Streichen erzählten.

Studentenstreiche

Die meisten Späße und nächtlichen Umtriebe der Studenten waren damals (wie heute noch) dem Alkoholkonsum zu verdanken. Nicht immer war das für die Anwohner spaßig. Im Steinweg tauchte mit schöner Regelmäßigkeit ein einzelner Burschenschaftler auf, der sich im stark angetrunkenen Zustand auf das Eisengeländer der „Plantage" setzte und das „Weserlied" schmetterte, offenbar in sentimental-heimatlicher Stimmung, was die Einheimischen wohlwollend aufnahmen, weil er eine schöne Stimme hatte. Woanders wurde auch zurückgeschimpft. In der Oberstadt ergoss sich bei solch nächtlicher Ruhestörung auch schon mal ein gefüllter Nachttopf über einen Sänger.

Sich gegenseitig die Fahne zu stehlen gehörte zu den üblichen Scherzen der Verbindungsstudenten. Legendär wurde aber der stets zum Stiftungsfest einer Verbindung aufs Neue blau gefärbte Schwan an der alten Universitätsapotheke in der Barfüßerstraße. Jährlich wiederkehrend war auch der stadtbekannte Ulk der Teutonen, die den steinernen Bären auf dem Brunnen am Schneidersberg mit Mütze, Band und Kranz schmückten. Eine Art Mutprobe und Auszeichnung stellte der Marburger „Sängerschein" dar: Das Marburger Gefallenendenkmal der Universität, ein Löwe auf einem Podest am Rudolphsplatz, im Volks- und Studentenmund „Lahnziege" genannt, war der Ort des Geschehens. Wer den Sängerschein bekommen wollte, musste die Lahnziege besteigen und auf ihr Lieder schmettern, bis die Polizei kam und ein Bußgeld forderte. So war die Auszeichnung nicht ganz kostenfrei.

Merkwürdige Wissenschaftler

Professor K., ein Mediziner, war ein äußerst penibler Mensch, der viel Wert auf Sauberkeit legte. Er fürchtete sich vor allem vor Bakterien: Wenn er im Europäischen Hof, schon damals eines der vornehmsten Häuser, zu Gast war, berührte er die Türklinken ausschließlich mit einer Serviette.

So korrekt war er mit seinen Studenten nicht immer. Der Vater dieses Professors hatte seinerzeit ein neuartiges medizinisches Gerät entwickelt. Wer dieses Thema irgendwie in seiner Prüfung unterbringen konnte, möglichst mit den Worten „Ihr hochwohlgeborener Herr Vater hat's erfunden…", hatte das Examen schon so gut wie sicher in der Tasche.

Der stadtbekannte „Assessor Liedke", im Berufsleben Amtsanwalt und ein skurriler Zeitgenosse im Marburger Straßenbild, war ein Segen für viele Studenten der Rechtswissenschaften. Seine durchaus erfolgreichen Repetitorien hielt er im Wartesaal des Hauptbahnhofs ab, damals eine Gaststätte, die nach mehreren Klassen aufgeteilt war.

Der stets mit einem weiten Mantel, in dem sich vermeintlich seine zahlreichen Bücher verborgen hielten, etwas nachlässig gekleidete Liedke, wurde die „wandelnde Bibliothek“ genannt. Er war aber auch aus anderen Gründen stadtbekannt: Der ungepflegte, kauzige Typ legte häufig seinen Weg zum Bahnhof mit der Straßenbahn zurück, wo er mit vielen Marburgern zusammenkam. Die Mitfahrenden rückten allerdings ein gutes Stück von ihm ab, weil es hieß, man solle besser Distanz halten, denn auf seinem Mantel sähe man schon die „Kleiderläuse Patrouille laufen“.

Kriegserlebnisse

Kalte Winter

Im Winter 1933 war das Eis auf der Lahn vierzehn Zentimeter dick und der Fluss wurde zum Eislaufen freigegeben. Die Lahn am Biegen und bei Weidenhausen war voller Menschen, die die Kälte hier einmal als Vergnügen erlebten. Die kleineren Kinder waren aus Sicherheitsgründen eher angehalten, auf dem „Biegen“ zu bleiben, da war das Wasser nicht so tief, falls das Eis doch nicht trug. Wer wollte – und durfte –, konnte die lange Strecke vom Wehr am Grün bis unterhalb des Weißen Steins hinter Wehrda auf dem Eis zurücklegen. Es gab Leute, deren sonntäglicher Familienausflug nach Goßfelden – den größten Teil des Weges jedenfalls – übers Eis ging.

Die kalten Kriegswinter, wie der erste 1939, aber auch die folgenden, sind aus anderen Gründen in Erinnerung geblieben: Wir hatten mindestens eine doppelte Schicht Kleidung auf dem Leib, die Mädchen zogen Trainingshosen unter die Kleider, die Kinder trugen zusammengenähte Schals um den Kopf oder mit Kaninchenfell verbrämte Mützen. Sie zogen trotzdem frierend mit Holz und Koks beladenen Handkarren durch die schneebedeckten Straßen, wenn es hieß: Bei Felden gibt's Schmiedekoks! Mitten auf der verschneiten Bahnhofstraße passierte dann schon mal ein Unglück und der Sack mit dem kostbaren Brennmaterial hielt nicht stand. Mit klammen Fingern mussten die Kohlen einzeln wieder aufgelesen werden.

Auch der besonders strenge Nachkriegswinter 1946/1947 hatte seine zwei Seiten: Einerseits war die mühsame Beschaffung von Brennmaterial oft die Aufgabe der Jugendlichen und Kinder, der weite Weg in den Wald bei der „Knutzbach“ anstrengend; neidisch schauten sie nach den Fuhrwerken, die Reisighaufen und anderes mit Pferdekraft durch die Bahnhofstraße hoch in die Oberstadt bewegen konnten. Andererseits fiel über mehrere Wochen der Schulunterricht aus – es gab „Kohlenferien“! Kohle und Holz waren derart knapp, dass die Schulen nicht geheizt werden konnten.

Ideal zum Schlittenfahren: der verschneite Rote Graben

In einer von den Amerikanern zuvor beschlagnahmten Wohnung in der Biegenstraße, die wieder von Marburgern neu bezogen worden war, hatten die Kinder ihren besonderen Spaß: Die Armaturen in Bad und Küche waren abmontiert worden von einem, der sie möglicherweise dringend benötigte. Dabei geschah es, dass Wasser über den Boden der Wohnung laufen konnte und bei bitterster Kälte natürlich sofort gefror. So hatte man das, was ansonsten nur draußen anzutreffen war: eine herrliche lange „Gliedebahn" mitten in der Küche, was die Nachbarskinder für die neu Zugezogenen sofort einnahm, aber leider nicht lange anhielt. Den ganzen Winter aber liefen die Kinder dort Schlittschuh, wo im Sommer die Frösche quakten, was man bis weit in die Stadt hinein hören konnte, gleich nebenan auf dem „Biegen" nämlich.

Als die Schulen den Namen wechselten

In den 30er Jahren und danach gab es hier wie überall noch die Volksschule, in die alle Kinder von der ersten bis zur achten Klasse gingen, die nicht später aufs Gymnasium wechselten. Gymnasium war eigentlich damals nur das altsprachliche Philippinum in der Universitätsstraße, natürlich nur für Jungen, sowie die Oberrealschule in der Uferstraße, gleich neben einer der beiden Volksschulen. Die Mädchen gingen zum Lyzeum, in die Elisabethschule, fast gegenüber dem Philippinum.

In Marburg gab es zwei Volksschulen, die Süd- und die Nordschule. Beide waren evangelisch. Früher hatte es auch noch im Stadtteil Weidenhausen, jenseits der Lahn, eine kleine Schule gegeben. In der Oberstadt gab es außerdem eine katholische Schule am Kirchhof und auch eine jüdische. Die evangelischen Volksschüler hatten daher keinen Unterricht mit den katholischen und jüdischen Kindern. Natürlich spielten wir aber in der Nachbarschaft alle miteinander.

Die Schüler waren streng nach Geschlechtern getrennt: So gab es zwar in den ersten Volksschuljahren neben einer Jungen- und einer Mädchenklasse auch eine gemischte Klasse. Dort saßen aber wiederum auf der einen Seite die Jungen und auf der anderen die Mädchen. Auch in den Pausen blieben Jungen und Mädchen auf jeweils eigenen Schulhöfen voneinander getrennt. Ab dem fünften Schuljahr waren wir dann ganz vom anderen Geschlecht separiert.

Als die Nazis die Macht ergriffen hatten, wurden die Marburger Schulen umbenannt: So wurde aus der Oberrealschule die Adolf-Hitler-Schule, aus der Südschule die Horst-Wessel-Schule und aus der Nordschule die Schlageter-Schule. Wie an vielen städtischen Institutionen wurden 1933 die Hakenkreuzfahnen gehisst, ein erstes deutliches Zeichen, das sich von da an auch in vielen neuen Ritualen in der Schule zeigte. Für die Kinder, die 1933 eingeschult wurden, war das von Anfang an normal: Zum Wochenbeginn gab es eine „Morgenfeier“, wo sich die Schüler auf dem Schulhof in Reih und Glied im Quadrat aufstellten und die Fahne gehisst wurde. Eine Klasse war jeweils beauftragt, diese Feier mit Nazi-Liedern zu gestalten. Sie sangen ja auch mit, wenn die SA marschierte, und dachten sich nicht allzu viel dabei.

Unsere Lehrer erlebten wir ganz unterschiedlich. Da gab es natürlich manchen strengen Lehrer, vor dem man nicht nur Respekt, sondern richtig Angst hatte, solche, die Stockschläge verteilten, dass wir mit Striemen auf dem Rücken nach Hause gingen. Das waren aber nicht unbedingt stramme Nazis. Doch gab es die auch, die „Hundertfünfzigprozentigen“, die in Uniform ihren Unterricht hielten. Einer wollte uns beibringen, dass die Bibel ein Judenbuch sei. Manche dagegen waren ganz freundlich und bemühten sich sehr um uns, weil wir gerade in der Kriegszeit häufig Lehrerausfälle und -wechsel hatten. Einige Lehrer warben intensiv für die Hitlerjugend. Wenn die Schülerschaft einer Schule zu hundert Prozent in der Hitlerjugend organisiert war, durfte die HJ-Fahne wehen: Das war schon 1935 in der Schlageter-Schule so.

Auf den Schulbänken der Nordschule um 1933

Ab diesem Jahr wurde auch der Unterricht stark auf das Winterhilfswerk ausgerichtet: Spielzeug und Bücher sammeln gehörte z.B. dazu. Natürlich waren die Jugendlichen vor allem in ihren Gruppen der Hitlerjugend und des BDM mit dem Verkaufen beschäftigt. Sträußchen aus Papierblumen oder in Heimarbeit hergestellte Anstecker mit kleinen Halbedelsteinen versuchten wir – mit mehr oder weniger Erfolg –, auf der Straße oder an den Haustüren loszuwerden: Manchmal hatten wir damit wirklich unsere Last.

Als Gemeinschaftsveranstaltungen aller Marburger Schülergruppen standen die Schüler oft Spalier bei Aufmärschen. Beim „Fest der Schulen" feierten Volks- und höhere Schüler gemeinsam, es gab viele Wettkämpfe. Die älteren Schüler mussten bei besonderen politischen Anlässen geschlossen zu Rundfunkübertragungen ins Capitol, das größte Kino Marburgs, gehen.

Kurz vor dem Krieg wurde der Status der evangelischen Konfessionsschulen abgeschafft und die sogenannte Gemeinschaftsschule eingeführt. Die katholischen Schüler wurden auf die beiden Volksschulen verteilt. So bekamen wir auch katholische Lehrer. Israelitische Schüler wurden schon zuvor unter dem Dach der Nordschule unterrichtet, ihre Schule im jüdischen Gemeindehaus war bereits 1933 geschlossen worden.

Schwere Zeiten: Schule im Krieg

Mit Beginn des Krieges änderte sich einiges für uns Schüler. Schon 1939/1940 wurden mehrere Schulen zu militärischen Zwecken umfunktioniert. Jetzt waren es nicht mehr Schüler, sondern Soldaten, die zum Beispiel die ehemalige Nordschule bevölkerten. Die Turnhalle war schon zuvor vom Bekleidungsamt in Beschlag genommen worden. Die Schüler der Schlageter-Schule mussten sich nun die Unterrichtsräume mit denen der Horst-Wessel-Schule teilen. So hatten sie im Wechsel nachmittags dort Unterricht.

Oft fiel der Unterricht auch für längere Zeit komplett aus: Von Januar bis März gab es „Kohlenferien“ wegen der beschränkten Heizmöglichkeiten.

Die Schülerinnen des Lyzeums hatten am Ende des Krieges zeitweilig Unterricht in völlig anderen, gar nicht schulgemäßen Räumen wie Gasthäusern (der „Sonne“ etwa) oder Apotheken (der Einhornapotheke). Aber auch hier herrschte Kohlenmangel. Von März 1945 an fand an der Elisabethschule bis zum Ende des Jahres kein Unterricht mehr statt.

Schon im Verlauf des Krieges war der Unterricht immer unregelmäßiger geworden; gerade für die höheren Schüler, die von außerhalb kamen, wurde der Schulweg wegen der Tieffliegerangriffe eine gefährliche Angelegenheit. Züge, mit denen viele „Fahrschüler“ unterwegs waren, wurden beschossen. Außerdem gab es viele Abgänge und Zuzüge von Schülern aus zerbombten Städten. Die Lehrer wechselten häufig, denn viele wurden ja eingezogen und manche kamen nie wieder. Und auch Marburg, das für die Zivilbevölkerung weitgehend ein friedlicher Ort war, wurde von Bombardierungen bedroht.

Bomben auf Marburg

Die Stadt, ihre Menschen und Bauten, hat sicherlich lange Zeit während des Krieges einiges Glück gehabt – nicht vergleichbar mit Kassel oder dem nahen Gießen, Städten, die Opfer verheerender Bombardements geworden waren. Den Feuerschein des großen Angriffs auf Kassel 1943 konnte man bis nach Marburg sehen.

Als Gießen angegriffen wurde, war der Himmel voller Lichtreflexe der Flakgeschütze. Wir Kinder erlebten die „Christbäume" in der scheinbar sicheren Entfernung fast wie ein Feuerwerksspektakel. Man sorgte sich um die Männer, Brüder und Väter an der Front. Schreckliche Nachrichten schürten unsere Angst. Außerdem litten wir unter der andauernden Rationierung. Wer während des Krieges seine Konfirmation feierte, bekam meist kein neues Kleid ge-

Der Hauptbahnhof nach der Bombardierung

kauft: es wurde günstig Stoff besorgt oder das festliche Samtkleid der Mutter von den Georgetteärmeln befreit, um mit kurzen Ärmeln und aufgeputzt mit einem weißen Spitzenkragen zum Konfirmationskleid zu werden.

Im Februar 1944 fielen Bomben auch auf Marburg. Was zwar nur Teile der Stadt betraf, aber auch zahlreiche Opfer und eine immense Zerstörung forderte, waren zwei Fliegerangriffe, die seltsamerweise am gleichen Tag, mit Abstand von genau einem Jahr, stattfanden. Beide richteten sich auf die nördliche Stadt. Am Nachmittag des 22. Februar wurde das Klinikviertel schwer getroffen. Die Bomben zerstörten aber auch Wohnhäuser im Wehrdaer Weg. Unsere Schulkameradinnen gehörten zu den Opfern.

Genau ein Jahr darauf war wieder das Klinikviertel Ziel des Angriffs. Nach diesem Tag und den darauf folgenden Luftangriffen lagen Kliniken und der Marburger Hauptbahnhof in Schutt und Asche und das nur wenige Tage vor Kriegsende. Rund um den Bahnhof bot sich ein Bild der Verwüstung, wie es Marburg den ganzen Krieg über nicht gesehen hatte.

Der Krieg ist aus!

Das Kriegsende

Und dann kamen die Amerikaner, fast und glücklicherweise ohne Gegenwehr. Offiziell am 28. März 1945 um 11 Uhr wird Marburg kampflos an die US-Soldaten übergeben und besetzt.

In Weidenhausen hatten sich manche Bürger im Splittergraben beim Hirsefeld versteckt. Natürlich hatte man auch Angst, war unsicher. Und dann kamen die amerikanischen Soldaten einfach die Stufen herunter in den Graben und taten ihnen nichts. In der Großseelheimer Straße wurde es allerdings noch einmal unruhig und gefährlich. Die Amerikaner kamen vom Tannenberg herunter in die Stadt. Auf der anderen Seite gab es noch ein paar Wehrmachtsangehörige, die Widerstand leisteten, sich nicht ergeben wollten. Sie waren bewaffnet. Ein kleines Kind musste dort beobachten, wie die vor den Amerikanern Fliehenden erschossen wurden. Später bekam es Schokolade durch den Zaun zugesteckt, von einem schwarzen Soldaten, ganz freundlich.

Was die Besetzung anging: Sofort wurden Häuser beschlagnahmt, die Amerikaner schafften sich Raum in der Stadt. Bis zum Herbst waren es über 1200 Wohnungen, die uns für eine lange Weile genommen wurden.

Nach dem Krieg in Marburg

Am 28. März waren die Amerikaner in unsere Stadt einmarschiert und so begann für uns die Nachkriegszeit schon vor dem offiziellen Kriegsende. Die Not war damit aber nicht vorbei. Die amerikanischen Behörden hatten die Regierung der Stadt übernommen. Zahlreiche Gebäude, öffentliche wie private, wurden beschlagnahmt: von den Stadtsälen über das große Kino Capitol bis hin zu den vielen großen Wohnhäusern, oftmals Professorenvillen am Ortenberg oder am Rand der Oberstadt. Viele Familien mussten ihr Zuhause verlassen.

Ein ganz besonders drängendes Problem war in Marburg die Wohnungsnot. Die Stadt war zwar nicht so stark wie viele andere Städte zerstört worden, aber die Einwohnerzahl hatte sich beinahe verdoppelt. So wurde Marburgs „Glück" im Krieg zur großen Bedrängnis in der Nachkriegszeit. Das lag an den zahlreichen im Krieg aus den hessischen Städten evakuierten Menschen, die hier überleben durften und nicht direkt nach Kriegsende zurückkehren konnten, weil ihre Wohnungen bombardiert und zerstört worden waren. Sie blieben zum Teil bis in die 50er Jahre. Es lag jetzt aber auch daran, dass Marburg und seine Umgebung viele Flüchtlinge aus dem Osten aufnehmen mussten, unsere Neubürger. Sie stammten vorwiegend aus den Gebieten östlich von Oder und Neiße und waren auf den Dörfern rund um die Stadt und in der Stadt selbst untergebracht. In den 50er Jahren stieg ihre Zahl sogar noch einmal an. Auf der Bürgerwiese, ehemals unser Festplatz, war ein Flüchtlingslager eingerichtet worden.

Nicht zu vergessen: Obwohl die Universität eine Weile geschlossen geblieben war, die meisten Schulen noch nicht wieder geöffnet waren, kamen schon zum Wintersemester 1945 wieder Studenten in die Stadt. So hatte die Stadt mit einem besonderen Mangel an Wohnraum zu kämpfen.

Viele mussten zusammenrücken: mit der jungen Familie aus Nordhessen, der Tante und Schwägerin aus Ostpreußen – so wie in vielen Häusern. In den Marburger Wohnungen lebten im Durchschnitt sieben Personen. Jedes noch so kleine Kämmerchen wurde genutzt, auch die nicht beheizbaren Räume. Die Küchen und Badezimmer teilte man sich mit vielen eher fremden Menschen, die uns ja zugewiesen worden waren. Die Räume, die zuvor an Studenten vermietet waren, bekamen nun fremde Menschen, auch manche, die hier in der Stadt, im Afföller, ausgebombt waren. Wir Kinder, die sich die Zimmer ohnehin mit Geschwistern teilen mussten, hatten kein eigenes Kinderzimmer mehr, wir schliefen im Wohnzimmer. Und unsere Studenten konnten erst mal bei uns nicht mehr unterkommen.

Alltag mit Mangel

Kein Krieg mehr, keine Sirenen, Bomben, Tiefflieger: ein großes Aufatmen, aber der Alltag wurde für uns kaum leichter, nicht nur wegen der Enge. In den ersten Tagen und Wochen herrschte weiterhin Ausgangssperre. Wir konnten uns nur vormittags und nachmittags zwei Stunden frei auf den Straßen bewegen.

Was es an Waren zu kaufen gab, war unvergleichlich dürftig. Viele Geschäfte hatten geschlossen. Es fuhr weder Bus noch Bahn, wir bekamen keine

Post und konnten keine verschicken und wir hatten keine Zeitung. Informationen über das Geschehen in Deutschland, Nachrichten über Verwandte und Freunde, all das gab es mehr schlecht als recht und eher zufällig von Mund zu Mund. Wir waren wie abgeschnitten von der Außenwelt. Viele hatten sich in die Heimatstadt durchgeschlagen. Viele Fremde belebten das Bild unserer Stadt: Kriegsgefangene, ehemalige Zwangsarbeiter, die vielen Flüchtlinge und die amerikanischen Besatzer, die uns freilich auch sehr fremd vorkamen. Voller Erstaunen sahen viele von uns ihren ersten Schwarzen.

Unser Alltag musste irgendwie weitergehen. Wir mussten uns versorgen mit Nahrung und Kleidung, Arbeit suchen. Viele fanden gleich Beschäftigung bei den Amerikanern, etwa im Depot, und brachten damit ihre Familien notdürftig durch. Es konnte durchaus vorkommen, dass eine Tochter der Familie mit einer solchen Anstellung – und das hieß auch mit nur einem Gehalt – eine ganze Familie versorgen musste. Die Männer waren ja oft noch nicht zurück.

Es fehlte in der Stadt an allem. Lange Zeit gab es überhaupt kein Gas. Wie fast alles war auch der Strom rationiert, auf bestimmte Zeiten reduziert, zeitweise komplett abgestellt. Nahrungsmittel, das kannten wir ja, gab es weiterhin rationiert auf Lebensmittelkarten, und mit 1500 Kalorien pro Person sehr knapp bemessen. Sogar das Wasser wurde immer wieder abgestellt.

In der Bäckerei Seip in der Elisabethstraße musste man sich mit Wasser aus dem nahe gelegenen Elisabethbrunnen behelfen. Das Wasser von dort galt zwar als besonders gut und wurde auch in früheren Zeiten schon gern zum Kaffeekochen benutzt – umso größer war jetzt der Andrang. Der Bäcker musste sich mit Vehemenz durchsetzen, wenn er sein Wasser holen wollte: „Leute, macht Platz“, rief er, „sonst gibt’s morje kei Brood.“ Maschinen konnten ohnehin nicht eingesetzt werden, da es keinen Strom gab; der Teig musste mit der Hand „gemengt“ werden. Mit einer alten Laterne wurde in den Backofen geleuchtet. Da konnte man sich behelfen, Wasser aber war unerlässlich.

„Richtige“ Milch bekamen wir nur, wenn wir den weiten Fußweg zum Bauern z. B. nach Wehrshausen auf uns nahmen. Auf Karte gab es ja nur die wässrige Magermilch. Ab und zu machten wir uns dann auf den Weg über Köhlersgrund und den Rotenberg.

Glücklich konnte sich schätzen, wer einen kleinen Garten mit Grabeland hatte. So füllte das selbst gezogene Gemüse im Sommer unsere Teller. Fleisch hatte Seltenheitswert. Mit etwas Wurstbrühe vom Metzger brachten wir ein bisschen Geschmack in unsere Mahlzeiten. Manche holten sich allerdings Fleisch beim Schlachthof, da gab es u. a. Hirn oder auch Pferdefleisch. Aufs Brot gab es herzlich wenig, oft aßen wir zum Frühstück nur unser trockenes, auf dem Ofen bereitetes „Röstebrot“, manchmal mit einer leberwurstartigen Paste bestrichen, die die Mutter vorher aus einem ominösen Pulver angerührt hatte.

An die Sonderrationen der Amerikaner, die es ab 1946 gab und die wir freudig annahmen, gewöhnten wir uns nur allmählich. Gesalzenen Fisch oder Trockenei fanden wir seltsam und wussten nicht recht, was man damit machen sollte. Über Konserven mit

Hühnerfleisch konnten wir uns schon mehr freuen. Den Maisgries nahmen wir zwar dankbar entgegen – er hing uns aber bald gewaltig zum Hals heraus. Es gab ihn nicht nur einmal am Tag. Und „Corn“ war für uns eigentlich etwas anderes.

Wir bekamen auch die berühmten Care-Pakete von den Amerikanern: Für die Kinder waren die Süßigkeiten darin entscheidend. Die Erwachsenen aber sehnten sich besonders nach dem lang entbehrten Bohnenkaffee. Es konnte jedoch passieren, dass die Tüten aufgerissen waren: Wenn sich dann Kaffeebohnen mit Pfefferkörnern mischten, war das ein kleiner Schrecken, der aber leicht behoben wurde. Bohne für Bohne wurde in mühseliger, aber freudiger Kleinarbeit fein säuberlich abgewischt.

Den Traum allerdings von einem richtigen Stück Torte mussten wir weiter verschieben. Immerhin: Der Gedanke an den köstlichen Heidelbeerkuchen mit dem schweren Roggenteig nach der Heidelbeerernte hält sich bis heute!

Die Marburger Kinder mussten nicht hungern, gerade weil viele Familien eben noch einen Garten bewirtschafteten. Die Schüler kamen außerdem in den – geschmacklich nicht gerade reizvollen – Genuss der Schulspeisung. Mit einem Handwagen wurde die Mahlzeit in großen Kübeln in der Liebigstraße abgeholt und z. B. in die Nordschule gebracht, wo die Kinder im Keller schon mit ihren Henkelmännern anstanden. Es gab immer wieder Nudelsuppe mit besonders aufgeweichten Nudeln und den wässrigen Kakao, der ständig überschwappte und seine Spuren auf dem Boden der Schulflure hinterließ.

Was Kleidung und Geräte für das tägliche Leben anging, gab es in der Stadt eine gute Anlaufstelle: die Tauschzentrale in der Wettergasse. Das war für uns ein kleines Stück Luxus, denn die kleinen Geschäfte auf dem unsicheren Schwarzmarkt konnten und wollten wir uns nicht leisten. In der Tauschzentrale gab es nun ganz legal ein Paar Schuhe, nach dem wir uns lange gesehnt hatten, oder ein „neues" Bügeleisen.

Viele Kinder liefen in dieser Zeit barfuß, die aus Gummireifen gefertigten Sandalen waren kein wirklicher Ersatz.

Eine „unbequeme Zeitgenossin"

In der „Christlichen Nothilfe" arbeitete sie gleich nach dem Krieg mit, dort, wo Bedürftige und Gestrandete aufgenommen und versorgt wurden. Und kurze Zeit später wurde sie Stadtverordnete im ersten Stadtparlament Marburgs für die liberale Partei und engagierte sich im überparteilichen Frauenausschuss: Luise Berthold. Sie war die erste Marburger Dozentin und blieb es viele Jahre lang als einzige. 1923 hielt sie ihre Antrittsvorlesung, habilitierte sich 1926, bekam aber erst 1952 einen Lehrstuhl. Nicht nur in der Universität war sie eine ungewöhnliche Persönlichkeit, sondern auch in der Kommunalpolitik und im sozialen Leben der Stadt. Ihr Engagement galt der Gleichberechtigung von Frauen und immer auch der Schaffung menschlicher Verhältnisse.

Schon in ihren frühen Marburger Jahren teilte sie das Schicksal mit der Marburger Bevölkerung, musste wie sie Bucheckern zu Ölmühle tragen. Während des Nationalsozialismus war sie als Mitglied der Bekennenden Kirche stets kritisch und setzte sich für vom Regime Bedrohte ein.

Die Situation in der Nachkriegszeit charakterisierte sie ganz poetisch in einem Gedicht, das sie als Antwort auf eine Einladung zum Kaffeetrinken vom Dekan der Philosophischen Fakultät verfasste. Hier thematisiert sie die Hungerjahre, indem sie auf „Ersatzgetränke" und die Lebensmittelrationierung Bezug nimmt: „... dass ich teilnehmen werde, Personenzahl eins, ganz ohne Mann, auch Kinder keins, Brotkarte anbei, Fettkarte desgleichen, ein Tütchen Zucker zu überreichen ..."

Immer kritisch, mit großem Durchhaltevermögen, bezeichnete sie sich selbst als „unbequeme Zeitgenossin". „Was auch in der Weltgeschichte passiert, und seien es die größten Katastrophen", so hatte sie einmal formuliert, „schließlich erscheint eine Frau mit dem Besen, kehrt alles wieder zusammen und schafft irgendwie Ordnung." Viele Marburger konnten sie so tatkräftig und auch kompromisslos erleben, denn sie war ganz präsent in der Stadt. Wer das erste Mal bei ihr erschien, musste sofort die Frage beantworten, ob man ihr Buch denn gelesen habe. Wer verneinte, konnte gleich wieder gehen und erhielt eine neue Chance, wenn man die Lektüre inzwischen absolviert hatte. Sie blieb aber durchaus immer in einiger Distanz. Ihr äußeres Erscheinungsbild entsprach nicht dem einer elegant-bürgerlichen Dame. So muss man wohl auch die Geschichte deuten, in der sie im Eisenbahnabteil von Mitreisenden zunächst streng gemustert und dann gefragt wurde, ob sie denn auch eine Fahrkarte zweiter Klasse habe. Später im Bekanntenkreis hieß es dann: „Sieht aus wie vierter, fährt meistens dritter, fuhr an dem Tag zweiter, ist erster."

Nachkriegskinder in den Marburger Straßen

Fast noch wie vor dem Krieg, so schien es, war die Verkehrssituation Ende der 40er-Jahre: Die Kinder spielten weiter in den Straßen der weitgehend unzerstörten Stadt, nutzten die Plätze ihres unmittelbaren Umfelds. Die Kinder aus dem Biegenviertel trafen sich zum Brennball und Völkerball auf der Grünfläche um die Elisabethkirche, und tobten sich aus bei Spielen, deren Inhalte an die noch nahe Kriegszeit erinnerten. So dachten sich die Kinder nichts dabei, „Deutschland erklärt den Krieg" zu spielen. Daneben beschäftigten sie sich wie früher mit ihren Klickern, denn der Boden war an vielen Stellen noch unasphaltiert.

Vor allem die Mädchen spielten „Probe" und warfen unermüdlich ihre Bälle gegen die Hauswände. Wer hatte, lief Rollschuh oder stakte mit Stelzen durch die Straßen. Manche konnten das sogar treppauf und -ab oder „hickelten" auf einem Bein. Einige Häuser hatten Außentreppen, die in die Waschküchen führten, hervorragend geeignet zum Spiel, denn diese mit Stelzen zu bezwingen, war eine echte Mutprobe. Hula-Hoop-Reifen kamen auf. Die Mädchen waren oft im Vorteil, wenn es darum ging, den Reifen um die Hüften kreisen zu lassen. Die Marburger Kinder der Nachkriegszeit waren angehalten, auf die Straße zu gehen, denn die Enge in den Häusern und Wohnungen erlaubte keine Spiele. Und vieles in der Stadt konnten die Kinder als Spielgerät nutzen: So konnte man wunderbar an den rot-weißen Stangen, die wie an der Elisabethkirche die Begrenzung der Fahrbahn darstellten, herumturnen und die ersten Bauch- und Kniewellen üben. Das Verkehrsaufkommen war so gering, dass wir nicht gefährdet waren. Ganz in der Nähe entdeckten wir bald, dass auf einem Hinterhof Sportgeräte des Instituts für Leibesübungen lagerten, die noch keinen neuen Platz gefunden hatten. Wir waren begeistert und versuchten uns an Reck und Barren.

Unsere Kreativität kannte keine Grenzen: Wir gründeten Theatergruppen, schrieben eigene Stücke und führten sie auf den Dachböden auf.

Richtige kleine Kinderbanden, harmlos, aber durchaus abenteuerlustig, bildeten sich im Viertel und jagten sich gegenseitig um die Häuser. Außerdem hatten wir einen aufregenden Spielplatz auf dem alten Holzlager der Firma Balzer in der Deutschhausstraße, was eigentlich nicht erlaubt und manchmal auch gefährlich war. Wie die Erwachsenen, die in vielem zur Improvisation gezwungen waren, verwandelten wir unsere Umgebung in einen großen Abenteuerspielplatz.

Unser Theater

Unsere Stadtsäle in der Universitätsstraße hatten die Amerikaner besetzt, folglich hatten wir kein Theater mehr, denn vor dem Krieg waren sie Spielstätte des

Raum für Kultur: die alten Stadtsäle

Schauspiels gewesen. In Abstimmung mit der evangelischen Kirchengemeinde – in persona des Pfarrers Schimmelpfeng der Elisabethkirche – gelang es der „Marburger Schauspielgruppe“ im Philippshaus, einem Gemeindehaus ganz in der Nähe, den Theaterbetrieb zu neuem Leben zu erwecken. Hier gab es endlich einen Aufführungsraum und die erste Inszenierung konnte als kirchliche Veranstaltung deklariert werden, denn dafür brauchte man keine Lizenz der Militärbehörden. Viele Marburger waren so direkt nach dem Krieg ausgehungert nach kulturellen Ereignissen und Vergnügungen! Mit dem Stück „Totentanz“ beging das spätere Marburger Schauspiel seine Geburtsstunde. Fast jeden Monat gab es Premierenvorstellungen mit Laiendarstellern, aber auch bekannten ausgebildeten Schauspielern wie Lutz

Schwiers. Es musste improvisiert werden, Requisiten waren rar, Farbe kaum erschwinglich, sodass die Truppe auf Unterstützung der Marburger Geschäftsleute und viele Helfer angewiesen war, die sie auch tatsächlich erhielt.

„Des Teufels General" 1948 im Philippshaus war der Renner: Das Publikum drängte sich dicht an dicht und musste sein Heizmaterial selbst mitbringen. So schleppte man Holz und Kohlen ins Theater, um endlich wieder eine Aufführung zu sehen. Der berühmte Martin Held spielte mit, da musste man einfach hin! Es wurde ein Kassenschlager.

Man hatte noch ganz direkten Kontakt zu „seinen" Schauspielern – und wir liebten sie. Albrecht Schönhals traf man schon mal in der Straßenbahn. Wir wussten, wo Frau Heller wohnte, auch Lilo von Plüskow sah man oft in der Stadt. Sogar prominenten Filmschauspielern wie Willi Birgel oder der eleganten Lil Dagover begegnete man. Lutz Schwiers ging mit Töchterchen Ellen durch die Gassen. Sie, die später so berühmt geworden ist, saß in den ersten Jahren noch als Souffleuse im Hintergrund.

Die Schauspieler scheuten die Nähe zum Marburger Volk nicht: Auf dem Ketzerbachfest 1949 konnten wir ihnen, die in historischen Kostümen Teil des Festzuges waren, zujubeln. Lilo von Plüskow ritt mittendrin auf einem Pferd.

Bis das Theater 1951 wieder in die Stadtsäle einziehen konnte, gab es wunderbare Aufführungen auf der Schlossparkbühne und zwischendurch immer wieder Kabarettabende im Europäischen Hof. Aufgeregt und glücklich ging man auf modischen Blockabsätzen im eigens genähten Rock den Berg hinauf zu einem lang ersehnten Theaterabend.

Die Attraktion war in den 50er Jahren das Gastspiel der populären Marianne Hoppe in der Piscator'schen Inszenierung einer griechischen Tragödie. Die Bühne war weit in den Publikumsraum hineingezogen worden, sodass man dem Bühnenstar ganz nah war. Uns fiel auf, wie sehr Frau Hoppe in dramatischer Weise immer wieder den Kopf zum Licht wendete, damit wir ihre Glyzerintränen besser sehen konnten. Das war uns ein bisschen zu theatralisch ...

Hunger nach Kunst

Nachdem die Amerikaner die Stadtsäle wieder freigegeben hatten, herrschte bei den ersten dortigen Konzerten großes Gedränge. Die Empore war voll besetzt, die begehrten Stehplätze ausverkauft, man schob sich in den Pausen durch die Gänge. Doch trotz der Enge war die Atmosphäre wunderbar.

Nicht nur die älteren, die lange Zeit kulturelle Ereignisse entbehrt hatten, sondern auch die jungen Leute waren begierig auf alles Kulturelle, was sie ja noch gar nicht kannten. Wir empfanden es als großen Genuss, Kunst in Freiheit wahrnehmen zu können. Viele waren, zum Beispiel über das Singen im Kirchenchor, in die klassische Musik hineingewachsen und freuten sich, diese Musik nun auf der Bühne zu erleben. Ins Konzert zu gehen, war ein großes Ereignis, und eine willkommene Gelegenheit, das eigens zum Anlass geschneiderte „Konzertkleid" zu tragen.

Die durchaus bekannten Solisten der Jahre um 1950 waren noch nicht ausschließlich auf die großen Konzerthäuser fixiert und gastierten hin und wieder auch in Marburg. Elly Ney spielte hier und der Geiger Christian Ferrat verteilte seine von uns heiß begehrten Autogramme.

Auch die leichte Muse war vertreten: Als Zarah Leander im neu entstandenen großen Kino „Rex“ ein Gastspiel gab, war sie zwar nicht mehr auf dem Höhepunkt der Karriere, für viele Marburger war es dennoch eine Attraktion.

Auch die Literatur gehörte zu den kulturellen Sehnsüchten: Im heißen Sommer 1947, wo alles ans Wasser drängte, gingen wir Mädchen trotz der unerträglichen Hitze die Biegenstraße entlang, um ein lang ersehntes Buch in der altehrwürdigen Buchhandlung Elwert abzuholen. Oder wir liehen uns Bücher in der Stadtbücherei im „Amerikahaus“ aus und fingen schon auf dem Nachhauseweg im Laufen zu lesen an.

Marburger Feste

Es wird wieder gefeiert!

Natürlich gab es schon vor dem Krieg die verschiedenen Feste der Stadtteilgemeinden, an denen viele schon als Kind teilgenommen hatten, ob auf den Karussells der kleinen Festplätze oder als blumenbekränzte Teilnehmerinnen unterm Blütenbogen auf einem Festzug. Es gab seit vielen Jahrzehnten das Grabenfest und das Bachfest. Während des Krieges war das Feiern in diesem Rahmen aber kein Thema mehr. Umso ausgelassener wurde nun nach dem Krieg und den entbehrungsreichen ersten Nachkriegsjahren gefeiert und umso wacher sind die Erinnerungen daran.

Das erste Fest 1949, heiß ersehnt, war das Bachfest auf der Ketzerbach. Neunzig Jahre waren vergangen seit der Überwölbung der „Ketzerbach". „Die Bach", die nicht mehr sichtbar war, hatte der Stadtteilgemeinde und dem Fest einen Namen gegeben. Damals war von den Anwohnern durchgesetzt worden, dass der Bach unterirdisch verrohrt verlaufen sollte, und so war aus der zuvor dörflich anmutenden Straße mit oberirdisch fließendem Abwasser eine baumbestandene Allee geworden, die sich zum Aufenthaltsort der Ketzerbächer entwickelte. Kinder spielten hier, es standen Bänke zum Ausruhen dort und zeitweise gab es einen Wochenmarkt. Die Ketzerbachgesellschaft war es nun, die im fünfjährigen Turnus ein Fest ausrichtete, mit Biertischen, Buden, Tanzböden, Musik und Karussells für die Kleinen. Mit einem großen Umzug durch die Stadt, an dem auch die anderen Stadtteilgemeinden teilnahmen, vor dem Krieg auch Studenten der Verbindung „Hessen-Preußen“, konnte endlich wieder der Ketzerbach ein „Hujaja“ gesungen werden. Allen voran marschierte ganz traditionell der in Lumpen gekleidete „Bachlappes“ als Maskottchen.

Ein Jahr später schon, denn in der Abfolge der legendären Volksfeste sollten keine Lücken entstehen, fand das erste Grabenfest in Weidenhausen statt. „Hoffmanns Lieschen“ und die anderen Mädchen in biedermeierlichen Kostümen durften endlich wieder das Tanzbein schwingen, wie es der Legende nach Lieschen vor König Jérôme getan hatte. Andere Damen tanzten in wallend-weißen Gewändern eine Quadrille. Der Festzug ging bei strahlendem Sonnenschein über die Weidenhäuser Brücke in die Stadt, vorbei an noch unzureichend reparierten Gebäuden, die Männer festlich geschmückt im Frack. Gefeiert wurde in bester Laune anschließend auf dem Platz der Festwiese mit vielen musikalischen Attraktionen und Tanz, zu dem eine lokale Kapelle aufspielte.

Das nächste Volksfest war das Brunnenfest, das zum ersten Mal 1951 auf dem Marktplatz stattfand. Die Oberstadtgemeinde lud dazu ein. Auch dafür wurde wieder ein „historisches Ereignis“ zum Anlass genommen, denn in diesem Jahr wurde der Brunnen neu gestaltet, finanziert von den Brüdern Bopp. Die Brauereibesitzer, die auch „Bopps Terrassen“ bewirtschafteten, das Bierlokal der Stadt, war bei Einheimischen wie Studenten gleichermaßen beliebt. Der Brunnen wurde von den Bürgern der Oberstadt mit viel Eigenleistung aufgebaut und somit zum Symbol ihres Gemeinsinns. Da musste ein Fest gefeiert werden, natürlich mit viel Bier und dem sich anschließenden Marktfrühschoppen. Ein Ochse wurde am Spieß gebraten.

Der Frühschoppen gehörte schon seit Anfang des 20. Jahrhunderts zu den traditionellen Veranstaltungen der Studentenverbindungen. Hier saßen die jungen und alten Herren auch in Couleur. Die Bilder von bierseligen Marburgern und „ihren" Studenten, den Burschenschaftlern vor allem, an langen Tischen eng gedrängt, den Platz vor dem Rathaus füllend, singend und grölend, sind zum festen Bestandteil Marburger Geselligkeit geworden – nicht ohne Auseinandersetzungen in späteren Jahren. Das Brunnenfest gibt es nicht mehr, der Frühschoppen aber ist erhalten geblieben, wenn auch nicht von Kritik verschont, und legendär geworden.

Kinderfasching in der Oberstadt

Munteres Gedränge auf dem ersten Grabenfest nach dem Krieg

Und auch das Südviertel hatte nach dem Krieg sein eigenes kleines Volksfest: das Blumenfest auf dem parkähnlich angelegten, mit Blumen geschmückten Friedrichsplatz. Auch der bunte Festzug der Südstadtbewohner, der rund um die Blumenkönigin veranstaltet wurde, bezog die Stadt mit ein. Was bis heute geblieben ist: ein Dämmerschoppen.

Auf allen Festen mit dabei war Herr Seidel, ein echtes Original. Der ehemalige Schneider und langjähriger Küster der Elisabethkirche fuhr stets zum Erstaunen aller auf dem Hochrad bei den Umzügen der Stadtteilfeste mit. Und die Reihe der Feiern riss nicht ab: 1953 wurde das „Strandfest“ ins Leben gerufen, was die ganze Stadt als Ort am Fluss zusammenbringen sollte: am grünen Lahnstrand, mit Ruderregatta vom „Biegen" bis zum Wehr am Grün, rund um Marburgs „Klein-Venedig", von der Weidenhäuser Brücke über den „Bazillensteg" und entlang des Trojedamms wurde gefeiert. Der Schwimmverein beteiligte sich, es gab Gondelfahrten und am Abend erstrahlte das herrlich erleuchtete Lahnufer. Gekrönt wurde die Veranstaltung von einem Feuerwerk. Natürlich marschierten auch hier wieder die Stadtteilgemeinden mit und labten sich endlich beim Frühschoppen auf dem Festplatz (mit drei Tanzböden!).

Der Graben, Hoffmanns Lieschen und der König

Der Grund, überhaupt ein Grabenfest zu begehen, obwohl wie im Fall der Ketzerbach kein Bach oder

Festumzug auf der Weidenhäuser Brücke

Graben zu erkennen ist, ist ein historischer. Besagter Graben und das Grabenland hatten für die Weidenhäuser Einwohner, ehemals viele Lohgerber, eine besondere Bedeutung. Das Gelände jenseits des Erlengrabens – die Erlen wurden in früheren Zeiten zu Wasserleitungsrohren verarbeitet – wurde von den Weidenhäusern lange Zeit mit schlichter Duldung durch die Stadt genutzt. Schon im 17. Jahrhundert hatten sie den Magistrat gebeten, ihnen das Land gegen eine Pacht ganz offiziell zu überlassen, um es zu kultivieren. Doch immer wieder versuchte die Stadt, es an sich zu reißen. 1812 war eine Delegation von Weidenhäuser Bürgern nach Kassel gefahren, um ihr Anliegen vor König Jérôme vorzubringen. Dabei soll sich die folgende Geschichte zugetragen haben: Ein junges Mädchen, „Hoffmanns Lieschen" genannt, hatte die Weidenhäuser Abordnung begleitet und gedankenverloren zur Musik aus einem Nebenraum des Wilhelmshöher Schlosses zu tanzen begonnen. Lieschens Anmut soll „König Lustik" derart verzaubert haben, dass er ihr einen Wunsch zu erfüllen versprach. Das pfiffige Mädchen wünschte sich, wohlbedacht, natürlich das ersehnte Grabenland für die Weidenhäuser – und so kehrte die Delegation erfolgreich zurück.

Ihr Tanz wird zu jedem Grabenfest aufgeführt, die Figur des Hoffmanns Lieschen taucht aber erst 1935 auf und das bis heute. Für das Grabenfest 1955 wurde eigens und einmalig ein komplettes Theaterstück aufgeführt (geschrieben von Wilhelm Ide), das die Lieschen-Geschichte zum Inhalt hatte. Wer dieses Lieschen nun eigentlich gewesen, ja ob es tat-

Der „Bazillensteg" und andere Marburger Wortschöpfungen

Viele Wege, Gassen, Treppchen und Plätze haben in Marburg ihre ganz eigenen Namen, die sich bei den Einwohnern durchgesetzt haben. So wurde etwa die „Enge Gasse" lange Zeit „Dreckloch" genannt: Diese sehr steile und enge treppenbestufte Gasse zwischen Pilgrimstein und Oberstadt zeichnete sich in früherer Zeit, als es noch keine Kanalisation gab, dadurch aus, dass hier Unrat und Abwasser rasch abfließen konnten.

Später und bei vielen bis heute hat sich die Bezeichnung „Asthmatreppe" eingebürgert, denn beim anstrengenden Aufstieg kann man ziemlich außer Puste kommen. Beide Bezeichnungen sind gut nachvollziehbar, wenn sich „Dreckloch" auch nicht gerade nach einer guten Adresse anhört.

„Bazillensteg" ist eine weitere nicht sofort zu verstehende und ebenfalls recht abwertende Bezeichnung eines kleinen Wegstückes entlang der Lahn am Rande Weidenhausens. Weidenhausen, die jenseits der Lahn gelegene Brückenvorstadt Marburgs, lag quasi außerhalb der Stadt, war aber zugleich ihr Einfahrtstor. Viele kleinere Gewerbebetriebe, Handwerker und auf engem Raum eine große Zahl von Gaststätten kennzeichneten den Stadtteil. Kaum vorstellbar, aber die Ein- und Ausfahrtsstraße war hier zweispurig, und das bei weitaus weniger Verkehr als heute. Es war ein lebendiger Teil Marburgs, zugleich ein wenig separiert. Hier lebten viele „kleine" Leute, nicht das gehobene Bildungsbürgertum wie in Oberstadt, Südviertel oder am Rotenberg.

Lange Zeit hatten sich die Weidenhäuser Bürger gegen die Kanalisation gesträubt, was ihren Ruf nicht gerade verbesserte. Dies wurde 1927 als Grund angeführt, um einen Steg zwischen Weidenhäuser Brücke und Trojedamm zu bauen. Er diente als direkte Verbindung zum Universitätsstadion. Als Anlass nahm man die 400-Jahrfeier der Universität, wo viele Gäste erwartet wurden. So konnten die Gäste und die Marburger Bürger geradewegs an Weidenhausen vorbeigelotst werden, ohne sich diesem angeblich schmutzigen Ort auszusetzen. Der Steg hatte seinen Namen weg, wurde zum „Bazillensteg".

sächlich gelebt hatte, bleibt ungewiss. Ides Geschichte mag eine Legende sein, aber sie ist zum Symbol einer besonderen Gemeinschaft geworden, der Erlengrabengemeinschaft.

Auf der Terrasse des alten Jugendwohnheims der „Christlichen Nothilfe“ wurde das Stück aufgeführt, mit vielen Darstellern in wunderbaren Biedermeierkostümen mit Häubchen und Bändern. Das damalige Lieschen ist kurz darauf nach Amerika ausgewandert.

Aufführung von „Hoffmanns Lieschen vor dem König“, 1955

Alltag in den 50er Jahren und danach

Lebens- und Wohngemeinschaften

Auch nach dem Krieg blieben die Studenten für die Marburger eine zentrale Größe. Sie gehörten zur Stadt wie zu vielen Familien. Manche, die in den 50er Jahren ein neues Haus bauten, um der Enge zu entkommen, planten gleich ein paar mögliche Studentenzimmer mit ein. Der finanzielle Spielraum war noch eher schmal, der Lebensstandard weiterhin bescheiden. Das „Wirtschaftswunder" erreichte auch viele Marburger erst in den 60er Jahren.

Die Studenten lebten einzeln oder zu zweit in Zimmern mit Kohleöfen. Ein Doppelzimmer brachte für die Vermieter pro Student vielleicht 15,– Mark, fürs Einzelzimmer waren 35,– Mark zu zahlen, sogar mit fließendem Wasser. Das war nicht viel, aber gera-

Konfirmandin (im Mantel der amerikanischen Kleiderspende) hinter der Elisabethkirche

de für Frauen, deren Männer nicht aus dem Krieg zurückgekommen waren und die nur eine kleine Rente bezogen, ein lebensnotwendiger Nebenverdienst. Die Küche war für alle da, jeder durfte dort kochen, manchmal noch auf der alten Kochkiste. Hier traf man sich und wer mochte, bekam einen Kaffee, was einen Studenten aus Amerika zunächst begeisterte, dann aber etwas verwunderte: Man trank hierzulande nach wie vor Getreidekaffee, den aus der weißblauen Packung.

Den ersten Versandhauskatalog bekamen manche erst durch solche Kontakte mit einer anderen Kultur zu Gesicht. Unglaublich – da konnte man Dinge, die wir noch nicht kannten oder besaßen, einen Kühlschrank zum Beispiel, einfach aus dem Katalog bestellen. Das war für uns kaum vorstellbar, so fremd wie die ersten Grapefruits, die wir gleich aus dem Obstsalat wieder herauspulten, weil sie uns zu bitter waren, oder die Jeans, die direkt aus Amerika kamen und die wirklich noch niemand hatte.

Wenn die Studenten keine Kohlen mehr hatten, saßen sie bei der Familie im Wohnzimmer, wärmten sich und erzählten von ihren Vorlesungen. Das war eine aufregende Zeit, auch für die Kinder der Gastfamilien.

Endlich konnten die Professoren wieder ohne Kontrolle lehren und neue Ideen entwickeln. Die Studenten ließen uns daran teilhaben. In manchen aufgeschlossenen Häusern durften sie auch ihren Besuch mitbringen und so gab es spannende Abende mit interessanten Unterhaltungen. Was viele ganz nebenbei in dieser Zeit erlebten, war, dass keine große

Distanz zwischen den Generationen vorhanden war: die Großmutter wie das kleine Kind waren immer dabei.

Die Gymnasiasten der 50er Jahre

Ab März 1945 war das Gymnasium für Mädchen, die Elisabethschule, geschlossen. Erst fast ein Jahr später wurde wieder regulär unterrichtet.

Mit solchen Problemen hatten die Jugendlichen in den 50er Jahren nichts mehr zu tun. Der Unterricht fand statt. Und wir waren nicht immer dankbar dafür. Oft kamen wir zu spät, denn fast immer lag zwischen uns und der Schule eine Schranke. Das geflügelte Wort „Marburg an der Schranke“ bezog sich nicht nur auf den Autoverkehr. Ob wir mit dem Fahrrad fahren, zu Fuß gehen oder den Bus nehmen mussten, die meisten Schulwege hatten irgendwo einen Bahnübergang. Einer war z.B. unterhalb des abschüssigen Blitzwegs und obwohl wir versteckte Wege fanden ihn zu umgehen, wurde er immer wieder als Entschuldigung bemüht.

Frau Dr. Hillmann, die fortschrittliche Direktorin, schärfte uns Mädchen ein, dass es ein Privileg sei, aufs Gymnasium gehen und Abitur machen zu können. Wir seien nicht hier, um zu heiraten und Hausfrau zu werden: kochen könne jeder, der ein Kochbuch zu lesen in der Lage sei. Wir würden mit dem Abitur das Privileg des Studiums und damit der Berufstätigkeit erwerben. Sie war es auch, die die ersten ledigen Mütter als Schülerinnen aufnahm und in der Oberstufe Verlobte akzeptierte – eine sozial engagierte und innovative Schulleiterin, die wir bewunderten. Trotzdem duften wir selbst im kalten Winter nicht mit Hosen (und schon gar nicht in Jeans) in die Schule kommen und mussten uns mit Röcken und den unbequemen Wollstrümpfen plagen.

Wir hatten jedoch auch Lehrer, die vom Krieg gezeichnet waren und uns ihre Verbitterung spüren ließen. Andere, die ebenfalls den Krieg erlebt hatten, gingen voller Erleichterung und Elan wieder ans Unterrichten.

Eine Lehrerin prägte uns ganz besonders und es war ein großes Glück, dass sie manche von uns die ganze Schulzeit hindurch begleitete: die Kunstlehrerin Elisabeth Mann. Sie war Künstlerin und blieb es auch während ihrer Zeit als Lehrerin ab 1938. Sie verstand und liebte es, uns vor allem die moderne

Das alte Lyzeum in der Universitätsstraße

Kunst nahezubringen und dabei unsere eigene Kreativität zu beflügeln. Die Klassenräume der Oberstufe waren in den oberen Etagen der Schule. Hier standen wir am Fenster und fertigten unter ihrer Anleitung Skizzen der gegenüberliegenden Stadtmauer mit der Häuserkulisse der Oberstadt. Bekannt war die Kunsterzieherin für ihr Marionettenspiel, aus dem an der Elisabethschule über viele Jahre großartige Theateraufführungen mit selbst gestalteten Marionetten entstanden. Sie war es im Besonderen, die uns für die Impressionisten und die Expressionisten einnahm und uns mit dem Besuch der ersten Documenta in Kassel ein eindringliches Erlebnis verschaffte.

Da wir zu dieser Zeit noch keine Koedukation hatten, war es für uns sehr aufregend, dass sich direkt gegenüber unserer Schule das Jungengymnasium befand. Unsere Schulzeiten begannen und endeten allerdings mit fünf Minuten Differenz, offenbar eine Maßnahme, um uns auch außerhalb der Schule von den Jungen zu separieren. Das gelang jedoch nicht: Zahlreiche Gymnasiasten warteten nach dem Unterricht an der „Lahnziege“ am Rudolphsplatz, um mit uns gemeinsam weiterzuziehen.

Unser Interesse fand auch, noch ganz unschuldig, die nackte Jünglingsskulptur an der Turnhalle des Philippinums, die zuweilen als Abiturientenscherz ein Feigenblatt angelegt bekam – der Gipfel der Freizügigkeit.

Wenn wir draußen Turnstunde hatten, ahnten wir, dass auch die Jungen ihre Blicke herüberwarfen und schoben die Hosenbeine unserer Turnkleidung hoch, um mehr Bein zu zeigen.

Kino in den 50er Jahren

Wer als Kind einen erwachsenen Verwandten zum Kinobesuch überreden konnte, denn Taschengeld war äußerst unüblich und mit etwa 50 Pfennig sehr gering, hatte vielleicht das Glück im Capitol zur Matineevorstellung gehen zu können. Wer bekam da nicht Tränen in die Augen, wenn „Barri, der Retter von St. Bernhard" am Ende das Opfer seiner dramatischen Rettungsaktionen wurde. Ganz neu waren für manche Kinder die nicht zu durchschauenden Schnitttechniken der Filme, die sie etwa beim „Doppelten Lottchen" verwirrt zurückließen. Für Jugendliche war das Kino noch lange Zeit ein Luxus, den man sich nur selten leisten konnte. Mit ein wenig mehr Taschengeld Mitte der 50er Jahre konnte man ab und zu seinen Träumen nachhängen. Viele

1950 kam der Film „Das doppelte Lottchen" in die deutschen Kinos

schwärmten damals für den jugendlichen James Dean, manche aber noch für Dieter Borsche, der ein Stück die verlorenen Vaterfiguren darstellte. Ruth Leuwerik in ihren wunderbar schwingenden weiten Kleidern versuchten wir in eigenen Posen zu kopieren. Wenn die jungen Damen aus dem Capitol kamen, konnte man an ihrer Haltung fast den Film erkennen, in dem sie gerade gewesen waren. Für kurze Zeit bewegten sie sich anmutig wie ihre Filmstars, während die Jungen sich in betont männlicher Manier zeigten, gleich ihren männlichen Leinwandhelden.

Eine Alternative zum Sommerbad

Erst Mitte der 50er Jahre gab es ein richtiges neues Freibad für die Marburger mit festen Gebäuden, großzügig und im zeitgemäßen Stil. Es war ausgestattet mit einem Becken mit Olympiamaßen, mit riesiger Liegewiese und einem Kiosk, wo man Eis am Stil, Cola und andere Süßigkeiten bekam. Im Sommer strömte alles ins moderne Sommerbad am Troje-

Schülerinnen der Elisabethschule im Ruderboot auf der Lahn

damm. Zugleich gab es immer noch eine „natürliche“ Alternative: das alte Universitätsbad am Wehrdaer Weg, wo man in die Fluten der Lahn springen konnte, was viele auch immer noch gern taten. Viele junge Leute aus den nördlichen Stadtteilen kamen, aber man wanderte auch vom Ortenberg hierher. Die alten schwimmenden Badeflöße gab es nun nicht mehr. Aber wie im Sommerbad gab es auch hier eine Liegewiese auf der anderen Seite der Lahn an den Afföllerwiesen. Diese erreichte man über eine hölzerne Brücke, um am anderen Ufer Handtuch an Handtuch mit Freundinnen zu liegen und das andere Geschlecht zu begutachten. Wie Jugendliche überall im Freibad hatten wir auch hier unsere ersten Flirts. Wenn man wollte, gelangte man von dort zum Wehr bei der Elisabethmühle, wo man herrlich abenteuerlich ins Wildwasser tauchen und hinter der Abbruchkante des Wehres auch in richtig tiefem Wasser schwimmen konnte. Das war viel aufregender als im betonierten Sommerbad. Hier war immer etwas los. In unmittelbarer Nähe waren die Bootshäuser der Kanuclubs und des Rudervereins und weiter lahnaufwärts das Bootshaus der Elisabethschule, das 1929 entstanden war. Von hier aus ruderten die Mädchen des Gymnasiums zwischen Wehrda und dem Universitätsbad. Das Bootshaus war nicht nur zum Rudern ein beliebter Treffpunkt, in Erinnerung geblieben sind auch die schönen Feste, die nicht nur anlässlich der Neuerwerbung von Booten gefeiert wurden.

Das Universitätsbad wurde von der Universität nur bis 1953 verwaltet, verfiel zusehends und wurde ein paar Jahre später komplett aufgegeben.

Anstandsstunden bei den Schwestern Koll

Bevor man sich paarweise zum Tanzen im Lokal verabreden konnte, musste man es erst einmal lernen. Generationen von Marburgern genossen bis in die 50er Jahre den Tanz- und Anstandsunterricht der Schwestern Elli und Lollo Koll. Sie brachten den Marburgern angemessene Bewegungen und Schritte bei und sorgten für den richtigen Schliff. Die Kolls waren eine Institution.

Seit den 20er Jahren lehrten die alleinstehenden Offizierstöchter die Marburger das Tanzen und die guten Umgangsformen. In ihrer Tanzschule in der Biegenstraße, einer großen Wohnung im ersten Stock mit weiten Flügeltüren, führten sie uns in die Erwachsenenwelt ein. Elli Koll, die schmale Hochgewachsene, beim Ausgang in die Stadt gern mit einem kleinen Barett behütet, war die Tanzlehrerin, Lollo Koll, etwas kleiner, aber nicht minder schlank, war Gymnastiklehrerin. Sie sahen es als ihre Aufgabe, der Jugend Manieren beizubringen, die sie für Standards hielten

Abschlussball bei Elli Koll

und die vermutlich noch aus der Kaiserzeit stammten. So mussten wir wie alle anderen vor uns noch in den 50er Jahren den Hofknicks lernen. Schon unsere Mütter und Großmütter genossen bei den Koll-Schwestern die „Studententanzstunden“ , wo die jungen Mädchen mit älteren Verbindungsstudenten zusammengebracht und so in die akademische Gesellschaft eingeführt wurden. Viele Ehen fanden hier ihren Anfang.

Nach dem Zweiten Weltkrieg und in den 50er Jahren tanzten Schülerinnen mit Schülern. Ein Jahr nach der Konfirmation gingen die Mädchen zu den Kolls, die Jungen waren jeweils ein Jahr später dran.

Meist ging man geschlossen als Schulklasse in die Tanzstunde, so z. B. eine Mädchenklasse des Lyzeums zusammen mit einer Jungenklasse des Philippinums oder des Realgymnasiums. Diese Zuordnungen nahmen die Schwestern Koll selbst vor. In ihrer Tanzschule in der Biegenstraße begann das große Abenteuer, dass das Verhältnis der Marburger Geschlechter zueinander viele Jahre mitbestimmte.

Was wir lernten war umfassend und begann in jeder neuen Tanzstunde mit mehreren Anstandsregeln: Angefangen vom graziösen Sitzen über das korrekte Auffordern bis hin zum Ablehnen beim Tanz. Aber auch wie wir uns auf der Straße zu benehmen hatten, wurde vermittelt: wir Mädchen sollten niemals rennen oder laufen, denn eine „Dame“, wie wir bezeichnet wurden, habe pünktlich zu sein und käme deshalb nicht in solche Verlegenheit. Im Übrigen solle sie kein Eis auf der Straße schlecken. Unsere 16-jährigen „Herren“ wurden dagegen genauestens instruiert, wie sie mit Hut zu grüßen hatten. Wir siezten

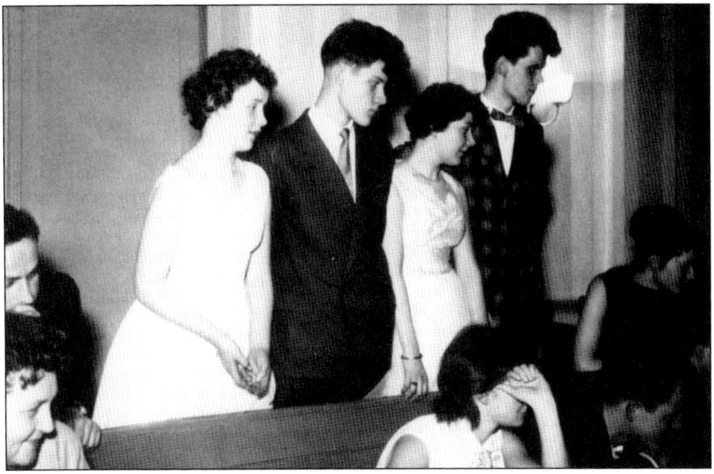

Blick von der Empore: Ball in den Stadtsälen

uns, obwohl wir in der Freizeit auch schon mal Du sagten. In der Tanzstunde war das verpönt, wie waren ja „Damen" und „Herren".

Die Jungen trugen stets Anzug, die Mädchen Kleider. Blusen und Röcke wurden nicht toleriert. Die Oberteile hätten ja aus dem Bund herausrutschen können. Hosen oder gar Jeans waren natürlich undenkbar. Petticoats trugen wir, selbstgenäht aus eigens gestärktem Nesselstoff, die so steif waren, dass sie bei bestimmten Tanzschritten zwischen den Beinen der Herren hervorlugten. Natürlich lernten wir auch tanzen: Die Schwestern tanzten vor und korrigierten uns mit ihren spitzen Knien. Das alles geschah mit ernsthafter Strenge, die wir akzeptierten, wenn wir auch etwas amüsiert waren über soviel Etikette.

Es galt als ungehörig, beim Tanzen mitzusingen, was uns aber nicht abhielt, dezent mitzusummen. Wir konnten es uns manchmal nicht verkneifen, wenn von der Platte der Tango „Ich weiß ein Haus, das einsam ist“, „Ich hab Sehnsucht nach dem ersten Kuss“ oder – ganz beliebt – „Du hast so schöne blaue Augen“ tönte. Das war schon ein kleiner Widerspruch und ganz schön verrucht, wenn so brave Mädchen vom „chambre separé“ sangen. Aufgelockert wurden die Stunden durch amüsante Tanzspiele, die auch manches Mauerblümchen aus seiner Ecke miteinbezogen: ein Marschwalzer gehörte dazu, der „Besentanz“ oder der „Körbchentanz“, wo jeweils zwei Herren bei einer Dame um den Tanz baten.

Der letzte Tanz bestimmte die Begleitung für den Heimweg. Die Schwestern klatschten in die Hände und sofort stürzten sich die Herren auf diejenigen Damen, die in ihrer Nähe wohnten, denn sie hatten die Pflicht, eine Dame am Arm nach Hause zu geleiten. Vor den Augen der aus dem Erkerfenster schauenden Koll-Schwestern machten wir uns mit locker in den Arm des Herrn gelegten Händen auf den Heimweg – bis zur nächsten Straßenecke, wo wir dem Blickfeld der kontrollierenden Lehrerinnen entkamen und uns endlich loslassen durften.

Zum Mittelball trugen wir wadenlange Kleider und tanzten im angemieteten Berggarten oder der Gaststätte Ruppersberg in Ockershausen. Beim Abschlussball, der in den Verbindungshäusern stattfand, waren unsere Roben natürlich lang. Zu jedem Schlussball gehörte unbedingt eine französische Quadrille. Bei Tanzturnieren zeigten wir uns mit höchster Eleganz in den Stadtsälen, von deren Empore unsere Eltern und Freunde aufgeregt und beeindruckt zuschauten.

Musik und Tanz

Eine wirkliche Attraktion für Marburg ein paar Jahre nach dem Krieg war die Edenbar in den Steinwegsälen, direkt neben den Kammerlichtspielen. Wie im Markees gab es „echte“ Musik, mit dem unvergessenen Herbert Ohl, der zehn Jahre lang das musikalische Programm bestritt. Kein anrüchig-schummriges Bar-Ambiente, sondern eher bieder-gemütliche Wohnzimmeratmosphäre herrschte in der Edenbar, was auch gediegene Bürger zum Tanzen einlud. Wie schlicht die Räumlichkeiten eigentlich waren, fiel uns jungen Leuten gar nicht auf. Es ging uns ja in erster Linie ums Tanzen und wir kamen uns ziemlich mondän vor in einer Bar. Durch einen Raum, wo man sitzen und plaudern konnte, was wir aber meistens gar nicht wollten, trat man in den eigentlichen Tanzbarbereich, der nicht sonderlich viel Platz bot. Die in der Tanzstunde gelernten ausholenden Bewegungen konnten wir hier jedenfalls nicht anwenden. Eine Theke mit Barhockern, die mit Erdbeermuster bezogenen Sessel und der Flügel, der zuweilen auch durch ein Akkordeon ersetzt oder mit anderen Instrumenten verstärkt wurde, füllten den Tanzraum schon beinahe aus. Der beliebte Barpianist, Musiklehrer und Orchestermusiker, spielte Abend für Abend und gern auch auf Wunsch der Gäste beliebte Gassenhauer und auch schon mal Swing. Wir wünschten uns Titel, die auch die großen Tanzorchester spielten. Bei „Ich tanze mit dir in den Himmel hinein“ schwebten wir glücklich durchs Zimmer.

Ausblick, ganz modern: Ein Beatclub in Marburg

Was es in den größeren Städten ja längst gab, wurde in Marburg erst 1963 Wirklichkeit: ein Beatclub! Einige Tanzlokale hatte die Stadt ja zu bieten, aber echte Beatmusik in einem Tanzschuppen und noch dazu live hören zu können, das war etwas völlig Neues. Diskotheken waren zu der Zeit noch nicht in Mode. So strömten aus der ganzen nordhessischen Provinz junge Leute in einen kleinen schummrigen Keller am Steinweg. Hier war live zu erleben, was sonst nur daheim auf dem Plattenteller lag, nicht gerade die Beatles, aber doch so bekannte Gruppen wie die Lords oder die Rattles. Alle vier Wochen fand so ein Ereignis im bald weithin bekannten „Club E“ statt. Viele regionale Beatbands hatten hier die Möglichkeit zum Auftritt, mit noch geringem technischem Equipment, aber allemal elektrisch verstärkt. Hier trafen sie auf ein begeistertes Publikum, das eine lange Schlange den Steinweg hinab vor der Tanzkneipe bildete.

Alle kannten sie: Marburger Originale

Ein großer Organist mit Hund

Professor Kurt Utz war ein besonderer Mann: Ab 1949 hatte er die Stelle des Universitäts-Musikdirektors inne. Er komponierte selbst und war bekannt für seine Improvisationskünste auf der Orgel und sein herausragendes Spiel der Werke von Bach und Reger. Daneben war er viele Jahre Kantor an der Elisabethkirche und bis zum Tod 1974 Organist an der Markuskirche. Aber nicht sein herausragendes musikalisches Können allein zeichnete ihn aus: Er war ein äußerst beliebter Hochschullehrer, der mit seinen Studenten viele gemeinsame Stunden, auch außerhalb der Universität verbrachte. Nach den Übungsstunden gab er beispielsweise in Bopps Terrassen auf großartige Weise seine Anekdoten zum Besten und war auch dem Alkohol nicht abgeneigt. Die Studenten liebten ihn dafür.

Er selbst war schon eine durchaus beeindruckende Erscheinung und wurde oft begleitet von „Astor", einem Dobermann, mit dem ihn eine offenbar enge Beziehung verband. Das intelligente Tier entwickelte ganz menschlich-kultivierte Züge, wenn es beispielsweise darum ging, Türen zu öffnen oder mit dem Bus zu fahren. Hier zeigte er auch seine außerordentliche Selbstständigkeit. Er durchstreifte häufig die Stadt und man konnte zuweilen beobachten, wie Astor gezielt in einen Stadtbus stieg und das Herrchen von der Probe abholte.

Ein Original mit Denkmal

Stadtbekannt und überall zu sehen war „der Christian“, Dienstmann und Kofferträger.

Er bestimmt auch heute noch das Stadtbild – als Denkmal an der „Wasserscheide“ mitten in der Oberstadt. Stets mit Dienstmütze, Zigarre oder Zigarrenstummel im Mundwinkel, gern auch mal angetrunken, war diese Frohnatur in der Stadt unterwegs. Mit Stolz präsentierte er sich auch selbst auf den großen Stadtteilfesten und Festumzügen: Der Christian gehörte einfach dazu, auch wenn er sich nicht immer hochanständig benahm.

An eine Geschichte erinnert sich sicher noch jeder alte Marburger: Eines Tages hatte Christian am Hauptbahnhof den Auftrag übernommen, einen Koffer zu transportieren. Der Kunde wollte bei schönem Wetter unbeschwert zu Fuß durch die Stadt schlendern. Unser Dienstmann, gewöhnlich ebenfalls zu Fuß unterwegs, aber an diesem Tage wohl in bequemer Laune, nahm ein Taxi als Transportmittel zum ausgemachten Ort. Als der Kunde dort eintraf, war er sehr überrascht, dass Christian bereits mit dem Koffer auf ihn wartete. Noch erstaunter war er allerdings über die Rechnung, auf der er die Kosten fürs Taxi wiederfand.

Der „Hesse-Louis“

In den 50er Jahren, als Pferdewagen als Transportmittel immer seltener wurden, prägte das Stadtbild ein kurioses Fahrzeug. „Hesse-Louis“, wie er genannt wurde, holte mit seinem Pferdefuhrwerk die Küchenabfälle der Kliniken ab und nahm mit lautem Gerumpel den Weg durch die Stadt über den Pilgrimstein zu seinem Hof am Grün. Die wertvollen Reste wollte er offenbar an seine Schweine verfüttern. Sein Fuhrwerk wurde aber auch für andere Gelegenheiten genutzt: „Hesse-Louis" war Bestattungsunternehmer und beförderte die Verstorbenen mit dem Pferdewagen zum Hauptfriedhof in der Ockershäuser Allee.

Der Polizist vom Rudolphsplatz

Das verkehrstechnische Nadelöhr am Rudolphsplatz blieb uns lange erhalten – und damit auch der Polizist. Er war eigentlich weniger ein Original als eine echte Institution die für uns namenlos blieb. Es schien so, als wäre dieser Mann mit der schwierigen Verkehrslage verwachsen: Hinter ihm ging es steil das Lahntor hinauf, weshalb sein Podest auch dem Neigungsgrad angepasst war. Vor ihm lag die Weidenhäuser Brücke, über die der Verkehr in die Stadt hinein- und hinausströmte, rechts von ihm ging es in die Universitätsstraße, in die noch in einer engen Kurve (denn die Bebauung ragte noch weit in den Rudolphsplatz hinein) der „Grün" mündete. Zu allem Überfluss wurden an dieser Stelle auch die „O"-Busse aus- und wieder eingehängt. Da es keine Ampel gab und die Situation für eine Ampel offenbar zu kompliziert gewesen wäre, stand tagein, tagaus der Polizist inmitten des automobilen Chaos und regelte mit ausladenden Bewegungen den Verkehr der 50er Jahre. In der Milchbar an der Ecke holten wir uns Milchshakes und schauten ihm bewundernd zu.

WARTBERG VERLAG GMBH & CO. KG
BÜCHER FÜR DEUTSCHLANDS STÄDTE UND REGIONEN
Im Wiesental 1 · 34281 Gudensberg-Gleichen · Telefon (0 56 03) 9 30 50
Fax (0 56 03) 30 83 · www.wartberg-verlag.de